VERBODEN LIEFDE
ALEX MENSAERT

© 2011 Alex Mensaert. All rights reserved.
www.alexmensaert.com
ISBN 978-1-257-92956-6

Een verhaal uit 2004

Voorwoord van de schrijver:

Op het ogenblik dat ik dit boek begon te schrijven, wist ik wat een mens allemaal kan meemaken, tot wat mensen in staat zijn, en hoever liefde en gevoelens een mens kan brengen.
Het verhaal dat U hier leest is een waar gebeurd verhaal. Het gaat over mezelf, en mensen die het hebben meegemaakt.
Ik was zo dom om verliefd te worden op een vrouw waar van ik dacht dat ze het goed met me voorhad, en echt tot het uiterste zou gaan voor mij.
Als gehuwde persoon was het heel moeilijk om een keuze te moeten maken tussen twee vrouwen.
Wat ik mijn vrouw en die vriendin heb aangedaan bracht me tot een collocatie, en heel wat verdriet, een hel op levensgebied.
Toch bracht het ons weer samen.
Echte liefde overwint alles, ook al komt er een tijdelijke breuk. Liefde maakt blind; Liefde is maar een woord...
Allemaal dingen die ik heb geleerd in die zes maanden dat dit waar gebeurde verhaal zich afspeelde.
Alle personages buiten mezelf zijn van naam veranderd. De personages zijn echt, de woorden die ze uitspraken zijn echt, misschien zelfs wel hun gevoelens...
Het enige wat niet echt is zijn hun namen. De reden dat ik dit deed is om de personen te beschermen en achteraf geen klachten te krijgen, er voor te zorgen dat die personen verder kunnen leven met een 'gerust geweten', ook al zullen sommigen die het lezen goed weten dat het over hun gaat.

Het was eerst niet mijn bedoeling met dit nogal zwaar waargebeurde, hoofdzakelijke liefdesverhaal naar buiten te treden, maar rekening houdende met wat er mij is overkomen, hoe 'laag' ik ben gevallen door verliefd te worden op een vrouw terwijl ik gehuwd ben, besloot ik om dit boek uit te geven als 'verwittiging'.

Een verwittiging naar andere mensen toe die verliefd worden op 'iemand' terwijl ze nog in een relatie of huwelijk zitten;

Hoe je failliet kan gaan, alles kan kwijt geraken, zelfs je vrouw, hoe snel een collocatie kan gebeuren door mensen die het slecht met je voorhebben, om daarna heel je woonst laten leeg te plunderen terwijl je 'veilig' achter slot en grendel zit in één of andere psychiatrie.

Soms worden er zware woorden gebruikt, vooral qua seksueel gebied, maar dat is dan ook omdat die woorden op dat moment letterlijk zo werden aangehaald.

Het verhaal is een combinatie van emoties, liefde, pijn, verdriet en allerhande gevoelens die we kunnen samen vatten als waar gebeurd verhaal met een mengeling van liefdesroman, en misschien ook wel wat thriller.

Dat het leven een hel kan zijn, onverwachtse dingen zich op korte tijd kunnen voordoen, en hoe je van een welgesteld leven op enkele dagen tijd letterlijk en figuurlijk in de afgrond beland, wordt zeker duidelijk.

Misschien is er ook een boodschap verborgen in dit boek dat het heel schadelijk kan zijn om verliefd te worden op iemand anders terwijl je nog in een relatie zit.

Als je mij nu vraagt wat het beste is om te doen wanneer je iemand anders leert kennen waar je liefdesgevoelens voor krijgt, dan is mijn antwoord:

Maak een keuze, en houd niemand aan het lijntje, probeer niet van twee vrouwen te 'genieten'
Niet alleen de twee vrouwen die in dit boek worden aangehaald heb ik pijn gedaan, maar ook andere mede 'spelers' werden gepijnigd, verdriet aangedaan, misschien wel ongewild of onrechtstreeks.
De pijn die ik zelf heb ondervonden wordt in detail in het verhaal beschreven. Het is niet mijn bedoeling dit boek als meelijwekkend neer te pennen naar mij toe.
Het enige medelijden dat ik verdien is 'hoe stom ik ben geweest twee vrouwen aan het lijntje te hebben gehouden'
Hoe stom ben ik geweest te geloven in 'blinde, verboden liefde'

Alex Mensaert
Donderdag 23 september 2004

Scheuren uit liefde

Soms is het alsof twee mensen
je uit elkaar willen trekken.
Alsof twee kinderen vechten
om een lappenpop.

Zo voel je het.
Je hebt pijn,
en durft niet te reageren
uit schrik voor die pijn.

Twee mensen
-die zeggen dat ze van je houden-
willen je veranderen.

De één wil dat je alleen van hem houdt.
De ander ook.

Je voelt,
zo kan het niet verder.
Je zal scheuren,
zoals die pop deed.

Alleen, jij bent sterker.
Je voelt alleen de pijn
die steeds erger wordt.

Het moet stoppen,
maar je weet niet hoe.

Je hart wordt een ijsblok.
Je wil geen liefde meer.
De wereld gaat aan je voorbij
tot plots iemand je hart ontdooit.

Haar, die het geduld had
je lang genoeg te verwarmen,
kun je vertrouwen.

Bij haar kun je genezen
van de wonden
die het scheuren
bij je achterliet.

Adelheid Bekaert

Het leven is niet steeds wat je wil,
Zelfs ik wordt nog van dit verhaal heel stil
Op wie je ook verliefd kan worden,
Weet dat je wereld plots kan in storten

Alex Mensaert

Hoofdstuk 1
Hoe ik haar leerde kennen

Het was toch zo mooi, urenlang chatten via Internet. Urenlang praten met andere jongens en meisjes. Wat onnozel doen, wat *aanpappen*, wel te verstaan virtueel met vrouwen. Hun laten geloven hoe een goede partner je wel zou zijn, hoe groot je virtuele liefde wel is, ze doen geloven dat je het toch zo goed met hen voor hebt.
Een spel dat velen spelen, het 'jachtspel' der liefde. Een typisch mannelijk trekje, de jacht op vrouwen?
Nieuwsgierig als ik was schreef ik me in op een grote nationale contact site. Je kunt er zowel vrienden maken als een lief zoeken. Ook al ben je gehuwd, dan nog kan je aankruisen bij je inschrijving dat je vrijgezel bent.
Als tattoo artist leek het me alvast een goed idee om me op zo een dergelijk contact site in te schrijven, en zo op zoek te gaan naar mensen die in tattoo' s geïnteresseerd zijn, mensen die eventueel klant wilde worden.
Ik deed het op een manier van gemengde gevoelens. Enerzijds maakte ik mijn basisbericht gedeeltelijk op over de tattoo business en anderzijds een gedeelte over 'ik vind je mooi, je ziet er knap uit, je mag er best zijn'
Enkele vrouwen, want ik had dit bericht enkel naar meisjes geschreven, kregen mijn bericht.

Enkele dagen nadien, bij het online gaan van Internet vond ik een antwoordje van een meisje uit het Limburgse dat zichzelf 'lieve fee' noemde. Lieve Fee had ik aangeschreven omdat ik op haar profiel foto gezien had dat haar echte wenkbrauwen weg waren, vervangen door permanente tatoeages.
Permanente make-up zoals dat genoemd wordt.
Daar ik dit als een tatoeage aanzag, een gewone tattoo, en haar misschien als mogelijke klant aanzag had ik haar aangeschreven.
Het eerste bericht dat ik terug kreeg van haar ging over het feit dat ze al enige tijd een tattoo wou op haar onderrug en ze misschien wel geïnteresseerd was om is langs te komen daarvoor. Wanneer ik in het volgende bericht schreef dat ik bereid was een speciaal 'vriendenprijsje' hiervoor te maken, toen kreeg ik alvast een positief antwoord. Ze liet weten dat ze die week nog zou langskomen.
Ik mailde terug met de mededeling dat het zo een kleine tattoo was, dat ik ze wel gratis zou zetten.
Amper drie dagen later stond de 'Lieve Fee' die Christine bleek te noemen aan onze winkeldeur.
Na wat gepraat, ontdekte ik dat we enorm veel gemeen hadden. Niet alleen de interesse voor tatoeages was gemeenschappelijk, maar ook de interesse voor potten bakken en kleibewerking, schilderen, films, muziek, en zoveel meer. Echt zoveel dat we verwonderd stonden hoeveel we wel gemeen hadden. Zo *fel* dat Christine op een bepaald moment, als grap bedoeld vroeg of we

misschien dezelfde vader hadden, en of we misschien tweelingen waren.

Na een tijdje praten begon ik haar tattoo te plaatsen, een elf die ze zelf had ontworpen, in een soort van tribal lay-out.

Tijdens het plaatsen van de tattoo begon het vertrouwen te groeien, zodanig dat ze me dingen begon te vertellen waarvan ze zelf zei dat niet iedereen dit wist.

Ze dacht zwanger te zijn van haar vriend, waar ze al meer dan twee jaar mee samen was, en ze vertelde over het feit wat er al in haar leven was gebeurd op familiegebied.

'Ik vertel dit niet tegen iedereen', sprak ze terwijl ik geconcentreerd op haar rug aan het tekenen was.

'Ik vertrouw je, daarom zeg ik deze dingen'

Het feit dat ze haar lief slechts om de veertien dagen zag, hij meer dan honderd kilometer van haar thuis woonde, en ze steeds zelf naar hem toe moest rijden was voor mij zoiets van 'Is dat wel echte liefde'

Ze vertelde dat ze bij haar verjaardag nooit iets van hem kreeg, dat hij nog nooit bij haar thuis was geweest, en dat er steeds seks aan te pas kwam, elke keer dat ze hem ontmoette.

Steeds zat hij aan zijn computer gekluisterd, en zij mocht er braafjes naast zitten, soms urenlang tot 'mijnheer' zin kreeg in erotische spelletjes.

Wanneer de tattoo bijna was geplaatst, haalde ze nog even aan dat ze het erg vond dat hij geen werk wou zoeken, en dat hij ook geen moeite deed om zijn rijbewijs te halen.

Op zich vond ik dit wel erg. Ze was zo verliefd op hem, maar het fut in dingen te doen, de levenskracht, de zin in uitdagingen ontbrak hem.

Zij (net zoals ik), was anders ingesteld. Avontuur en durf waren wat haar boeide. Een leven vol uitdagingen leek haar enorm boeiend, en dat bleek ook zo te zijn toen ze me vertelde dat ze al jaren als kampleidster had gewerkt, en zo de vakanties van kinderen verzorgde in het buitenland.

Na het plaatsen van haar eerste echte tattoo, buiten het feit dat haar wenkbrauwen waren getatoeëerd, wat ik op zich niet zo mooi en passend bij haar vond, was het al bijna drieëntwintig uur.

'Ik moet morgen heel vroeg opstaan, want zoals je weet geef ik les'

Dat had ze me inderdaad verteld die avond.

'Mag ik je een knuffel geven ?', vroeg ze me toen ze haar vest weer had aangetrokken, en klaar stond om te vertrekken 'Je hebt het wel verdiend'

Een knuffel op zich leek me onschuldig. Ik dacht eraan dat ik toch een tattoo gratis had geplaatst, en heel eventjes dik vastgepakt worden, zonder meer, leek me geen slecht idee.

Ze nam me stevig vast.

'Bedankt Alex, en bedankt voor de goede *babbel*'

Ik keek eventjes in de richting van haar ogen.

Toen gebeurde het onvoorspelbare.

Ik kreeg een kus, eerst een gewone zoen, die daarna over ging in het openen van onze monden, en een hevige tongkus werd.

Niet denkend aan het feit dat ik gehuwd was, niet denkend over het feit dat thuis de straat achter de winkel mijn vrouw er zeker van was dat ik 'braaf' zat te tatoeëren, bleef ik nog eventjes verder tongzoenen.

Na een minuutje kussen was de eerste afspraak echt voorbij. Een afspraak waarvan ik dacht dat het bij één enkele ontmoeting zou zijn gebleven, misschien een tweede voor een extra tattoo inkleuring, maar een derde afspraak zou er zeker niet van komen. Dat dacht ik toen althans.

'Ik moet echt naar huis gaan nu', liet Christine weten die ondertussen al tot aan de winkelingang was gestapt. Ik liet haar buiten, zag ze in haar auto stappen, een kleine ford, en ten slotte terug richting Limburg rijden.

Ik sloot de winkeldeur achter me, ging terug richting de tattoo studio, en begon alles op te ruimen.

Terwijl ik alles aan het opruimen was, dacht ik constant aan die ene vrij langdurige kus, iets wat ik als onschuldig wou aanzien, maar hoe graag ik dat ook zo wou bekijken, toch lukte me dat niet, en besefte ik dat ik niet al te braaf was geweest.

Een jaar voorheen was ik getrouwd met mijn vrouw Ilona, die al zeven jaar mijn partner was.

Enkele weken voorheen ik Christine op deze eerste ontmoeting had gezien, hadden Ilona en ik een kleine ruzie over 'vreemdgaan'. Ilona ging van het feit uit dat ik met al mijn Internet vriendinnetjes onmogelijk een trouwe partner kon zijn. Hoe ik ook volhield dat ik sinds ons huwelijk nog nooit was vreemdgegaan, toch geloofde ze me niet echt.

Het deed pijn om ongelooft te worden, terwijl ik al elf volle maanden geen enkele andere vrouw had aangeraakt. Met een Internet vriendin die studeerde voor psychologe, had ik op een avond via de chat is gezegd, dat als ik dat idee over vreemdgaan moest blijven aanhoren, ik het beter is echt kon doen, om dan tenslotte naar huis te gaan, en tegen Ilona te kunnen zeggen dat ik echt zou zijn vreemdgegaan, en dan eindelijk haar boze droom zou zijn uitgekomen. Vreemdgaan gewoon om haar gelijk te geven, dat leek me toen het beste idee dat er maar in me kon opkomen.

Wanneer heel de tattoo studio netjes was opgeruimd, de lichten waren uitgedaan, en de winkeldeur gesloten was ging ik richting huiswaarts. Amper vierhonderd meter van de winkel verwijderd lag ons huis, net de straat achter de winkel.

Ilona zag me binnenkomen, vroeg me of ik tegenwoordig altijd zo veel tijd nodig had om dergelijke kleine tattoo' s te plaatsen, want dat het toch al vrij laat was.

Mijn antwoord daarop was zoals het echt was geweest:

'We hebben veel gepraat, en het was een leuke avond, ik ben niet onmiddellijk met de tattoo begonnen, eerst hebben we over van alles en nog wat gebabbeld'

Wat er na de tattoo was gebeurd, die ene gewone kus die overging in een tongzoen, dat heb ik er toen niet bij verteld.

We maakten ons beiden klaar om te gaan slapen. Zoals gewoonlijk nam ik m' n gsm toestel mee naar de kamer, en net toen het licht in de kamer uit was kreeg ik een sms berichtje binnen dat van Christine bleek te zijn.

'Alex, ik ben thuis goed aangekomen, bedankt voor de fijne avond, maar wat we vanavond hebben gedaan was éénmalig, dit mag niet meer gebeuren'.

Als antwoord stelde ik een vraag: 'Wanneer kom je nog is langs?'

Ik kreeg een tegen antwoord: 'Dit zal zeker niet de eerste veertien dagen zijn, slaap lekker'

Slaap lekker, was niet echt wat onmiddellijk mogelijk was, ik kon alleen maar denken aan die ene kus, die ik ongepland had gegeven en gekregen. Het was een kus die bij ons allebei vanzelf was gekomen.

Eerst had ik wel zin om in bed tegen Ilona te zeggen dat ik dat ene meisje, die gewoon voor een tattoo was gekomen gekust had, maar het leek me beter om er niet over te hebben, want dan zou ze toch maar gedacht hebben dat ik was vreemdgegaan, en zou dat onderwerp dat weken voorheen al was aangehaald nu weer uit de sloot worden gehaald. Daarvoor was het al te laat op de avond; Het was tijd om te slapen, niet om te discussiëren.

Hoofdstuk 2
Van vriendschap naar liefde

Enkele dagen verliepen zonder nog iets van Christine te horen. Niet via gsm, niet via chat.
Op een namiddag, drie dagen na onze eerste ontmoeting kreeg ik een gsm berichtje binnen van haar.
Ze stelde me de vraag of het mogelijk was die avond is langs te komen, om is naar haar tatoeage te laten kijken.
Ik liet haar weten dat ze dan maar naar thuis moest komen, niet naar de winkel, want dat dit niet echt nodig was daar er toch niet diende getatoeëerd te worden.
Die avond stond ze voor onze deur. Ilona had open gedaan, en had haar binnen gelaten.
Ze kwam door naar m' n bureau dat achteraan in het huis was gelegen.
Ze nam plaats op een stoel. Mijn vrouw vroeg of ze iets wou drinken, en even later, in gezelschap van een gewoon glaasje water vertelde ze dat ze een zwangerschapstest had laten doen, en toch niet zwanger bleek te zijn van haar vriend.
Ze was opgelucht, want ondanks haar zevenentwintig jarige leeftijd vond ze zichzelf nog te jong om al mama te worden.
We bleven nog even verder praten tot ik haar vroeg om die tattoo te laten zien. Ze was al vrij mooi genezen, buiten dat ze op een klein plaatsje steeds had zitten krabben, zodoende dat de kleur

weg was, en ik al meteen kon zeggen dat dit op een later tijdstip nogmaals zou ingekleurd moeten worden.

Ze vroeg me meer over de tattoo wereld, toonde twee boeken die ze had meegebracht. Boeken die over henna tattoo's gingen, en over tattoo ontwerpen.

Meteen kwam het in me op dat het eigenlijk leuk zou zijn om er iemand bij te hebben die graag henna tattoo's plaatste, daar ik zelf totaal geen interesse had voor het plaatsen van dergelijke tattoo's.

Haar interesse werd aangewakkerd, niet enkel omdat ze dit wel zag zitten, maar ook omdat ze slechts half time als lerares werkte, en het haar ook geen slecht idee leek om dit in haar vrije uren te komen doen.

We bleven verder praten, ook over het plaatsen van echte tatoeages. Het was me duidelijk dat ze hier enorme interesse voor had. Ik stelde dan ook meteen voor om het haar te leren.

Na haar vertrek, zonder tongkus, zonder knuffel, zonder enige vorm van aanraking sprak ik met Ilona. Hoe tof het zou zijn om met twee te kunnen tatoeëren.

Ilona had er niets op tegen, maar liet wel weten dat ik haar dat ook maar is moest leren. Ik had al eerder aan haar voorgesteld om piercings te zetten, maar desondanks Ilona een gediplomeerde verpleegster is, en eigenlijk met naalden goed om kon gaan, durfde ze dit niet.

Dat weekend kwam Christine weer. Het was net het weekend dat ze niet naar haar vriend moest gaan, het weekend dat tussen de veertien dagen viel.

We gingen in de kelder zitten, de plaats waar eerder de tattoo studio was geweest, voordat we de winkel hadden geopend. Er stond nog voldoende tattoo materiaal om te oefenen. Ik gaf haar een lap varkensvel uit de diepvries, en toonde haar de basis. Hoe je een tattoo machine in elkaar moet steken, hoe die moet vasthouden, en gebruiken.

Nog geen half uur later was het me duidelijk dat ze hiervoor aanleg had. De naald ging vlot over het oefenvel, de huid werd strak gespannen, en het leek wel alsof ze dit nog al had gedaan.

Ik dacht plots aan één van m'n tattoo's die op mijn rechter boven arm stond, en eigenlijk dringend moest bijgekleurd worden.

Ik kreeg het idee om haar dit te laten doen, nu na slechts een half uurtje te hebben geoefend op varkenshuid.

Ik zei hierover nog niets, maar nam een nieuw tattoo apparaat, nieuwe verf, en een nieuwe naald. Het enige wat ik had gezegd was:

'We gaan zo meteen wat anders proberen.'

Toen alles klaar lag, en ik haar mijn arm toonde wist ze wat ik bedoeld had met 'wat anders proberen'. Ze wist dat ik haar vertrouwde in het plaatsen van tattoo's, dat ik haar al goed genoeg vond om deze ene kleine tattoo, een bijtje, bij te laten inkleuren.

Eerst durfde ze niet. 'Wat als ik uitglijd'.

'Je glijd niet uit', antwoordde ik.

De aarzeling bleef, maar ik kon haar overtuigen toen ik vertelde dat het beter was om op echte huid te oefenen dan op varkenshuid.

Ze begon eraan met bevende hand, maar nog geen uur later was die tattoo perfect mooi ingekleurd, alsof het werd gedaan door iemand die al jaren in het vak zat.

Terwijl ik al naar boven terug was gekeerd, richting mijn bureau, waarschijnlijk om wat te chatten, bleef zij achter in de kelder, in de voormalige tatoeage studio, om verder te blijven oefenen. Enkele uren is ze er mee doorgegaan, tot ze ineens naast me stond, en ze het eigenlijk geen slecht idee vond om de dag nadien, die zondag terug te komen, en nog te oefenen.

Die zondag was ze er ongeveer rond hetzelfde uur als de dag voorheen. Van oefenen kwam niets in huis, wel kwamen we tot het idee om samen wat te schilderen. Met olieverf, want dat had ze nog nooit gedaan. Tot nu toe had ze enkel met acryl verf gewerkt, maar toen ik haar uitlegde dat je met olieverf veel mooiere kleur effecten kon creëren, wou ze het zeker is proberen.

Het idee om te schilderen bleef een idee, we hebben die dag niet geschilderd. We hebben nog uren verder gepraat, ik zowel met haar als zij zowel met mijn vrouw.

Toen ze me vertelde dat ze het weekend daarna niet af ging komen, daar ze naar haar lief moest gaan, voelde ik me zo vrij te zeggen, dat ik dat toch maar geen echt lief vond.

'Hoezo, bedoel je Alex?', vroeg ze me.

Ik legde uit dat je bij een echte liefde toch beiden de moeite kan doen om elkaar te zien, hoe je beiden naar elkaar kan toegaan, en je niet zelf altijd naar daar moet gaan.

'Maar hij heeft geen rijbewijs Alex'

Zelfs zonder rijbewijs leek het me zo dat je dan tenminste de trein kan nemen als je echt van iemand hield.

Er waren zovele dingen die ik niet kon begrijpen; Waarom ze in hem de persoon zag van wie ze me die dag nog heeft gezegd:

'Ik wil met hem ooit trouwen, ik wil dat hij de papa van mijn kindjes wordt'

Het leek me niet verstandig hier verder op in te gaan.

Het was tenslotte haar leven, en buiten een eventuele goede vriendschap, en vooral een goede samenwerking in de tattoo wereld zocht of hoopte ik niks, en moest ik me dus ook niet gaan bemoeien in haar privé leven.

Enkele dagen later was er een klant die kwam voor een makkelijke tribal tatoeage.

Een simpele buitenlijn en daarna opvullen met zwart.

Ik belde naar Christine, vroeg haar of zij geïnteresseerd was in het plaatsen van deze tatoeage.

Eerst leek het haar maar niets, tot ik liet weten dat er echt niets aan was, het een heel kleine tattoo was, en ik wel zou helpen.

Helpen?

Dat bleek niet nodig te zijn geweest, bleek achteraf.

De dag dat de klant rustig in de tattoo stoel was gaan zitten, niet wetende dat de tattoo-artiste voor de eerste maal in haar leven een volledige tattoo ging plaatsen, daar was deze zich echt niet van bewust.

Christine zat er heel rustig bij. De uitleg gaf ik door te wijzen wat ze moest doen. Het moest zo professioneel mogelijk lijken, dus kon ik moeilijk luidop zeggen:

'Dit moet je zo doen, en dat moet je weer anders gaan doen'

Ik hoefde niet veel aan te tonen, ze kon het perfect.

Wanneer de klant buiten was, blij vertrokken met zijn nieuw pronkstuk op zijn arm, vertelde ik mijn vrouw, dat het echt goed was verlopen. Dat ze zelfs even snel tattoo's kon plaatsen als ikzelf, die er al veel langer mee bezig was.

Nadien dronk ze nog wat, at ze met ons mee, en ging ze tenslotte naar huis toe.

Aan haar ouders had ze ondertussen al laten weten dat ze als hobby nu ook tattoo's plaatste, en ze dit enorm graag deed.
'Voor mij is tatoeëren geen hobby, maar een passie', vertelde ze enige dagen later bij haar volgende tatoeage.
Zo ging het enkele weken door, tot wanneer de dag aanbrak dat Christine ons komen opzoeken was, en Ilona met onze tweejarige zoon Frederique, naar de winkel vertrok.
Ik wist toen dat Ilona zeker enkele uren zou wegblijven.
Wanneer we in mijn bureau zaten, Christine ondertussen met een blikje icetea, en ik met mijn eeuwige verslaving; Koffie. Zwart, zonder suiker en melk, ging het gesprek over erotiek. Ze vond, net zoals ik dat er over seks open en eerlijk moest kunnen gepraat worden.
Dat er in ons land te weinig openheid bestond over dit onderwerp, en iedereen hier doet alsof niemand ooit de liefde bedrijft. We hadden het over hoe open Nederlanders wel zijn op dit gebied. Hoe ik ooit een Hollandse man tegen zijn vrouw luidop hoorde zeggen tegen zijn vrouw:
'ga je mee lekker *naaien* onder de douche?'.
Ze moest er om lachen, maar het werd al net weer even serieus toen ze me zei:
'Ik ben zoals Nederlanders, open over seks'
Ik kon van antwoord alleen maar bedenken:
'Dat zou ik nu niet van jou gedacht hebben'.

Opnieuw begon ze te vertellen over haar privé leven, dat ze als zevenentwintig jarige vrouw amper een goed jaar geleden was ontmaagd, en haar huidige vriend ook haar eerste liefje was.
'Als je zo laat pas de erotiek ontdekt, dan is het misschien normaal dat je er dubbel van geniet', sprak ze.
Ik liet weten dat dit er wel zou uitgaan als ze enkele jaren bij hem zou zijn, want open als ik toen was vertelde ik dat Ilona en ik slechts enkele malen gemeenschap per jaar hadden, dat het er weinig van kwam, en dat mijn vrouw liever pijpt, dan *neukt*.
'Ik pijp ook enorm graag', zei ze.
Als grap haalde ik aan 'Ja je hebt echt zo'n mooie volle *pijplippen*'
Ook hier moest ze om lachen, maar eigenlijk meende ik toen wel wat ik zei, desondanks ik het als grap had aangehaald.
De jachtman kwam weer in me op. Ik dacht aan het feit hoe we alleen waren, hoe mijn vrouw nog enige tijd zou weg blijven. Ik dacht eraan hoe Ilona en ik enkele weken voorheen ruzie hadden over het feit dat ze dacht dat ik vreemd ging, maar niet was vreemd gegaan. Aan de chat sessie met die studente psychologie, hoe ik haar zei dat ik beter is vreemd zou gaan om Ilona haar gelijke te laten halen.
Ik vroeg of we niet wat in de woonkamer konden gaan zitten, dat ik het moe was om steeds in dat bureau te zitten. Toen moet ze geweten hebben

wat ik ergens onrechtstreeks hoopte dat er ging gebeuren.

Even later zaten we in de sofa. Kijkend naar de salontafel, naar onze drank, mijn asbak en de sigaretten die ik had meegenomen, en niet naar elkaar.

Ik nam het woord, en vroeg haar:

'Meende je dat nu dat die kus bij onze eerste ontmoeting éénmalig was?'

'Ja, dat meende ik wel', bevestigde ze op de manier dat je meteen begrijpen gaat van: 'Probeer niet verder'.

Maar ik probeerde verder, en zei:

'Ik vond het best lekker, en voor mij is vreemdgaan pas wanneer je *neukt*, van alles daarbuiten, zou ik me niet schuldig voelen'.

Ze keek me even aan. Ik bleek dit op en zodanige meelijwekkende manier te hebben verteld, dat ze hierop antwoordde: 'een knuffel kan altijd'.

Ze kwam korter bij me zitten, ze zat rechts van me, en we schoven beiden naar de hoek van de sofa die in de vorm van een L was.

Opnieuw zoals bij onze eerste afspraak pakte ze me vast, maar ditmaal dan wel zonder tongzoenen. Wel wang tegen wang, en armen om lichaam gekneld. Daar bleef het even bij.

Ik ging verder, ik wou meer, en ik wou Ilona haar idee over mijn vreemdgaan doen uitkomen.

Op dat moment kon het me geen barst schelen.

Ik wreef met mijn hand over haar beklede borsten, en voelde geen enkele beweging of hand van haar kant uit die me duidelijk wou maken dat het niet mocht.

Ik deed verder, bewoog met mijn hand richting de benedenkant, en ook daar dacht ik alles te mogen.

Maar dat was niet waar, het antwoord kwam:

'Dit mag niet Alex, ik kan dat niet, maar ik wil je wel rukken als je echt iets wil'.

Ik kon gewoon niet nadenken over wat ik juist wel of niet wou, en daar ik zelf enkele minuten eerder had verteld dat alleen *wippen* vreemdgaan was in mijn ogen, liet ik het toe. Ik wou het, en het zou ook gebeuren.

Dat de rolluiken omhoog waren, en iedereen die voorbij ons huis wandelde, ons had kunnen zien, kon me toen echt niks maken.

De rand van de zetel die richting het venster stond, was voor mij voldoende afscherming genoeg, en een soort van muur die het wel best spannend maakte, en toch ergens ook bescherming tegen eventuele begluurders gaf.

Ze *rukte* me, maar niet lang, ze stopte, en ik trok mijn broek weer omhoog.

In paniek zei ze me: 'Dit kan echt niet Alex'

Ik kon ten minste Ilona's vermoeden nu bevestigen, ik kon zeggen dat een andere vrouw mijn geslachtsorgaan had vastgehouden, er eventjes mee had gespeeld.

Maar dat vertelde ik niet.

Ik voelde me niet echt schuldig, ik kon alleen maar denken dat er dan toch eindelijk iets was gebeurd waarvan Ilona dacht dat het al lang was gebeurd;

Daarom niet met Christine, maar misschien met iemand anders.

Toen Ilona terug thuis kwam, zaten Christine en ik reeds lang terug in de bureau.

Dat er iets was gebeurd, ook al was het niet veel, althans niet in mijn ogen, kon je aan ons niet zien.

Enkele weken later, nu zo een goede vier maand geleden, en enkele tattoo's verder, door Christine geplaatst, had Ilona het een avond over de bezoeken van Christine.

'Ik vind het niet erg dat ze tatoeëert, maar wat ik niet snap is waarom ze hier al is om veertien uur, als er pas om twintig uur een tatoeage te plaatsen is'.

Een goede vraag, en zelf besefte ik ook dat ik Ilona hierop een goed antwoord moest geven. Zoals het was, zei ik het ook:

'We hebben dezelfde hobby's, we tekenen, en schilderen samen, en wat is er verkeerd aan een gewone vriendin te hebben'.

Wel had ik er niet bij verteld hoe ik al enkele malen was gerukt door Christine, telkens wanneer Ilona even afwezig was. Zelfs één enkele maal was het me gelukt om Christine te mogen vingeren, en te horen dat ze nog nooit zo lekker werd gevingerd, hoe erg ze het telkens weer vond dat het eigenlijk niet mocht, dat het verkeerd van ons was.

Het enige antwoord dat ik toen kon bedenken was dat we heel veel gemeen hadden, en we minder

seks samen hadden dan zij met haar vaste vriend, die ze haast nooit zag, en als ze hem zag, dat het puur was om zijn lusten te bevredigen.
Hoe meer Christine en ik over haar relaties praatten, hoe meer ze tot het besef kwam dat haar relatie toch niet zo perfect was als dat ze eerst zelf dacht.
Wat Christine en ik vooral in elkaar terugvonden waren de talrijke gesprekken die we met elkaar hadden;
Open diepe gesprekken die ik zelfs niet met mijn eigen vrouw had.

Op een dag toen Christine ook weer thuis was, niet moest werken, en afgekomen was uit verveling, waren we naar de winkel samen gegaan, daar deze die namiddag moest geopend worden. Ilona die dit normaal deed had aan Christine en mij gevraagd of wij dit wilde doen daar onze zoon nog sliep; Zijn namiddag dutje.
In de winkel aangekomen, was het zoals steeds een heel kalme dag. Weinig klanten, en de verveling sloeg toe.
Het was niet de bedoeling iets onkuis in de winkel te gaan doen. Eerst braken we de verveling door samen enkele tattoo ontwerpen uit te tekenen, daarna door een knuffel, daarna door weer ietsjes meer...
Christine gelegen op de tattoo bank, ik likkend aan een plaats die ik in feite niet mocht likken, een

plaats die eigenlijk alleen maar voor haar vaste vriend was bestemd, en zij door me te rukken.

Na sluiting van de winkel, en die namiddag geen enkele klant te hebben gezien of gehoord, ging Christine door naar haar thuis in Limburg, en ik richting mijn huis in de straat achter de winkel.
Frederique, onze zoon was nog niet wakker. Ilona liep er vrij kalm bij, en het leek me dan ook het juiste moment om haar op te biechten wat Christine en ik buiten een goede vriendschap nog meer samen hadden gedaan.
Gezeten voor mijn pc, zei ik plots tegen mijn vrouw:
'Ik heb je nachtmerrie doen uitkomen, ik ben zoals jij dat noemt vreemd gegaan'.
Ilona stond verbaasd, deed alsof ze me niet goed begreep, niet goed verstond wat ik juist bedoelde, maar vroeg al snel:
'Met Christine?'
'Ja Ilona, met Christine, in de winkel deze namiddag'
Desondanks dat ik het zelf fijn en vooral avontuurlijk vond die 'spelletjes' met Christine, schoof ik de schuld van mij af, en stak het op Ilona.
'Jij wou toch dat ik vreemd ging, je hebt me elf maanden niet geloofd, gedacht dat ik vreemdging, wel nu heb ik het doen uitkomen', en vervolgde even later:
'Maar geneukt heb ik nog niet hoor, Ilona'

Alsof deze laatste zin van mij een geruststelling was, en dat een troost zou zijn voor mijn vrouw.

Een Nederlandse zanger maakte ooit een liedje waarin voorkomt: 'vriendin van mij en een beetje meer....'

Die tijd was het zo dat ik Christine aanzag als een gewone goede vriendin, waar iets meer bij mocht, iets meer bij kon, maar daarom niet echt een relatie er mee hebben. Het was gewoon een gevaarlijk, maar vooral een avontuurlijk spel. Een spel waarbij ik toen al wist, dat als dit zo zou doorgaan er mensen emotioneel gingen gekwetst worden.

Ilona vond het beter dat ze naar Christine telefoneerde, en haar persoonlijk op een kalme toon vroeg waarom ze dit met me deed, waarom ze dit toeliet terwijl ze zelf al meer dan twee jaar een vaste vriend had.

'Ik weet heet zelf ook niet, maar ik weet dat ik verkeerd ben, het zal echt niet meer gebeuren' liet Christine weten.

De volgende maal wanneer ze over de vloer kwam, gingen we in de woonkamer samen zitten; Zij, Ilona, en ik.

We hadden het over die enkele avontuurtjes zonder neuken. Christine vertelde ons dat ze naar haar vriend was geweest, dat ze eerlijk had verteld tegen hem dat ze niet al te braaf en te trouw was geweest, en dat er dingen waren gebeurd die nooit meer zouden gebeuren.

Hij nam het volgens haar nogal vrij goed op, maar had wel tranen in zijn ogen, althans volgens wat ze me toen vertelde.
Als uitvlucht tegenover Ilona, telkens wanneer het over Christine ging, wat we hadden gedaan, bleef ik haar de schuld geven over dat 'vreemdgaan', dat ik haar boze droom gewoon had doen uitkomen, zonder erbij te vertellen hoe onschuldig ik het vond. Het was simpel de schuld van wat ik had gedaan met Christine, op Mijn vrouw te schuiven, en zo geen schuldgevoelens bij mezelf te moeten hebben.
Christine mocht van Ilona blijven tatoeëren, ze had vertrouwen in ons en de woorden van Christine dat dit nooit meer opnieuw zou gebeuren. Dat we van elkaar lijf en geslacht gingen afblijven.
Dat was alvast de bedoeling, Christine en ik gingen er van uit dat het nooit meer zou opnieuw gebeuren.
Bij het volgende bezoek aan ons thuis kwam er geen knuffel, geen aanraking, en ook geen seksueel contact. Net zoals ik, dacht Christine aan het feit dat dit niet kon, niet tegenover haar vriend, en niet tegenover Ilona.
'Weet je', sprak Christine: 'Het is verkeerd van ons wat we hebben gedaan, en als koppel zouden we toch nooit samen horen, we zijn allebei te erg dominant'.
'Ik weet het niet', antwoordde ik hierop.

Christine liet weten dat ze een heel groot schilderdoek had meegebracht van een meter bij een meter, en als ik zin had dat we best iets 'gezond' konden gaan doen, iets waar we niemand pijn mee zouden doen.

We begonnen aan een schilderij in olieverf, ieder op één kant, om tot slot één groot kunstwerk te creëren.

Het thema was een landschap. Zij maakte een kil landschap in donkerblauwe, violetkleurige rotsen, terwijl ik aan de rechterkant van het canvas doek hield bij een zomers Provençaals landschap met een strand, en de Middellandse Zee.

De overgang tussen haar en mijn schilderwerk werd een grote hoge berg.

Het algemene resultaat was vrij mooi, en wanneer het schilderij enkele weken later droog was gaf ik het aan Christine mee.

Haar moeder had gevraagd: 'Wat breng je nu weer mee naar huis, staat hier geen rommel genoeg van je?'.

Ze had het schilderij in haar kamer omhoog gehangen, liet ze me per sms bericht weten.

Ondertussen kwam bij mij het idee op dat we de winkel beter sloten, daar er veel te weinig mensen naar daar kwamen, en we terug beter de tattoo studio naar de kelder zouden verhuizen. Alle klanten die een tattoo of piercing wilden, maakte toch eerst een telefonische afspraak, dus was het in mijn ogen dom daar uren in de winkel voor niets te zitten.

Enkele vrienden van ons die in een naburige gemeente wonen kwamen helpen met de verhuis van het tattoo materiaal. Het waren mensen die ik leren kennen had als tattoo klanten, maar nadien gewone vrienden werden.

Het meisje dat Ann noemde had een heksenteken op haar arm laten plaatsen, en had verteld over haar voormalige liefde, een jongen die drie jaar voorheen in een zwaar auto ongeval was omgekomen. Ze zat bij hem, en zo ook hun dochtertje dat toen amper zes maanden oud was. Zij en haar dochter Rita overleefde de harde klap; Haar vriend was op slag dood.

Met haar nieuwe vriend Willy, die enkele jaren ouder was dan zij, en die ook nog kinderen had van zijn vorige mislukte huwelijk, werden we goede vrienden, en kwamen ze regelmatig is op visite, samen barbecuen, samen urenlang praten.

Enkele dagen later was de tattoo studio weer op de oude plaats, in onze kelder. Misschien op zich een luguber idee, maar het was er knusser dan in de winkel.

Zo ging een tijdje lang de tattoo' s en piercings terug door in de kelder. Wat voor ons natuurlijk makkelijker was, want als er niets te doen was, geen enkele klant kwam, konden we samen gezellig schilderen, of wat dan ook, dat niets met seks had te maken, of eender welke vorm van lichamelijke aanraking.

Op een dag kreeg ik ruzie met Ilona. Ze had het over het feit dat Christine haar had beloofd ook haar te leren tatoeëren, maar dit al enkele weken voorheen was beloofd, en ze tot nu toe nog geen enkele les had gekregen.

'Christine houdt zich niet aan haar beloftes', zei Ilona.

'Tatoeëren moet je zelf leren Ilona', antwoordde ik 'Je moet het eerst en vooral zelf willen, durven en een kunnen tekenen, en er dan voor gaan'.

Met ervoor gaan, bedoelde ik dat er weinig aan te leren was, er thuis boeken genoeg waren, basiscursussen tatoeëren, en het beter zou zijn dat ze die boeken al is zou doornemen, vooraleer er mee te beginnen.

Ook al vond ik dat niet Christine, Ilona moest leren tatoeëren, en Christine in feite gelijk had niet in te gaan op Ilona haar vraag voor dit, zei ik toch tegen Christine bij haar volgend bezoek:

'Ik vind het schandalig dat als mijn vrouw je weken geleden heeft gevraagd om haar te leren tatoeëren, dat je haar dat dan niet leert'.

Ik maakte vaak ruzie met Christine, niet echt ruzie, maar haalde vaak punten aan waarover discussies kwamen, zodoende dat ik me tegenover Ilona kon 'bewijzen' dat ik het goed met haar voorhad, dat ik me eigenlijk afschermde van Christine. Mezelf wou beschermen tegen 'meer' met haar, ook al had ik niet het idee dat er nog ooit meer zou gebeuren.

Christine stuurde mij een e-mail waarin stond dat ze ruzie met haar vriend had gehad, en deze liever had dat ze niet meer naar ons kwam, en dus niet meer kwam tatoeëren.

Ik antwoordde daarop dat als het zo zat, ze dat ook maar moest doen, dat ze dan maar moest wegblijven.

Maar dat deed ze niet, daarvoor tatoeëerde ze veel te graag, en haalde ze ook aan:

'Jij bent zo anders als mijn vriend, jij begrijpt tenminste wat liefde is, hij niet'.

Liefde? Of er liefde en gevoel was wist ik eigenlijk niet.

Ik heb er toen over nagedacht, en kwam tot de conclusie dat ik Christine enorm graag had, liever dan dat ik het eigenlijk wou. Maar het gevoel om haar te verkiezen boven mijn eigen vrouw, zat er niet echt in. Misschien ook omdat ze iemand had, omdat ik gehuwd was, en omdat ze zelf zovaak had gezegd: 'we passen niet samen, we zijn allebei te dominant, dat komt nooit goed'.

Dominant of niet, ik vond dat Christine helemaal geen type was dat de leiding nam. Misschien wel als lerares, of tijdens haar zomerkampen als leidster, maar verder kon ik niet uit haar dagelijkse doen opmaken dat ze een leidersfiguur was.

Op een avond zaten we samen in de tattoo studio in de kelder. Ilona was er niet, en ze vertelde over haar lief die ze zo en zielige vent vond. Haar verjaardag naderde, en ze wist dat ze net zoals het jaar voorheen niets ging krijgen van hem.

'Niet van hem, en niet van mijn ouders, broer of zus', zei ze. 'Ik krijg nooit iets, en zelfs thuis moet ik op de *almanak* in het groot neerschrijven dat ik verjaar'.

Ze begon te vertellen over enkele psychologische gesprekken die ze al had gehad buiten, de weet van haar familie om. Gesprekken die gingen over de slechte sfeer thuis, hoe haar vader haar sloeg, hoe ze haar zus ooit had gered toen ze zelfmoord wou plegen, hoe ze nooit samen aan tafel aten, en er geen enkele gezinssfeer was.

Hoe ze zichzelf pijnigde, soms haar eigen teennagels uittrok, omdat ze haar leven thuis zo verafschuwde.

Ik verschoot. Niet om het verhaal dat ze vertelde, wel omdat ze me opnieuw heel diepe gevoelens had geopenbaard die ik in feite niet moest weten, en niet eens kon vermoeden dat het er zo aan toeging bij haar thuis. Ik appricieerde het enorm dat ze mij dit toevertrouwde.

'Maar je bent zevenentwintig jaar, een volwassen vrouw, waarom laat je dat toe dat je vader je slaat', was mijn eerste reactie.

'Je kent die man niet Alex, je moet mijn hoofd is zien'.

Ze boog vooroover, trok het vele haar dat ze had wat opzij zodat de huid van haar hoofd beter zichtbaar was, toonde me enkele littekens die volgens haar kwamen doordat haar vader een asbak op haar hoofd had gegooid...ooit.

Ze was verdrietig, begon zachtjes te huilen, en vertelde me vervolgens dat ze bij ons enorm graag kwam. Dat ze hier tot rust kon komen, en hier niet zo alles moest doen zoals in haar ouderlijk huis.

Ze vertelde ook dat ze maandelijks tweehonderd vijftig euro moest afgeven aan papa, als woongeld.

Er zijn vele ouders die aan hun kinderen inwoon geld vragen, maar toch was mijn antwoord:

'Schande, je verdient amper vijfhonderd euro met je werk, en je moet daar dan de helft van afgeven aan je ouders?'

'Ja', bleef het antwoord.

Ik kon eerst niet begrijpen dat ze me dit eerlijk toevertrouwde, maar al snel bleek ze me liever te hebben dan ik dacht, of hoopte.

Haar lief, daar wist ze geen raad meer mee.

'Hij is zo dom Alex, hij is niet zoals ik, jij wel.'

Nogmaals haalde ze aan dat ze hiermee bedoelde dat hij niets deed van alles wat zij wel graag deed.

Geen enkele interesse hadden ze gemeen. Hij schilderde niet, interesseerde zich niet in haar kunstwerkjes die ze met klei had gemaakt op de kunstacademie; Ik wel.

Telkens vroeg ik haar hoe het was geweest, wat ze had gedaan.

Die avond liet ze me ook weten dat ze zich was gaan inschrijven om fitness te doen.

Waarschijnlijk een reden, om minder naar mij te 'moeten' komen, een reden om een zekere afstand te kunnen doen, en het 'gezond' verstand te laten werken.

Het gezonde verstand bestond toen sowieso uit het feit dat zij bij Didier was, haar vriend en geliefde waar ze kindjes mee wou, en mee wou huwen ooit... En dat ik met Ilona samen was... getrouwd.

Fitness, en elke zondag ochtend gaan lopen. Vijf kilometer samen met een groepje waarin een heel goede vriend van haar zat. Een vriend waar van ze me ooit had verteld dat hij na Didier op de tweede plaats voor haar kwam, ...en ik op de derde en laatste plaats.

Wat me opviel was dat eender welke vriend die ze tot nu toe had aangehaald jonger was dan zij zelf.

Haar liefde, en haar loop- vriend waren in het begin van hun twintiger jaren. Zij ging naar de dertig toe.

Het was voor mij duidelijk dat ze zich in mijn ogen met 'kinderen' ophield, mensen die niet klaar waren om haar dromen te verwezenlijken. Jongens die nog niet aan kinderen dachten, aan trouwen toe waren. Gasten die denken aan uitgaan en computerspelletjes.

Christine zocht wat anders. Zij wou kindjes, misschien niet onmiddellijk, maar wel zodra ze een echte papa had gevonden. Een papa die altijd bij haar zou zijn. Zij wou wel huwen, maar Didier wou dat pas na enkele jaren. En als ze bij hem op kindjes moest wachten zou ze zeker tot na haar dertigste moeten gewacht hebben.

Het werd weer een avond vol open boek gesprekken, en ik voelde me zo een beetje de vertrouwenspersoon van haar. Ik voelde dat ze me volledig vertrouwde, en dat deed me goed, want ik had het ook goed met haar voor, en vond het erg wat ze allemaal moest doorstaan. Vooral het feit wat ze met haar vader regelmatig meemaakte, het slaan van je meerderjarige dochter.

De avond liep ten einde, Ilona kwam terug thuis. We aten wat samen, we praatte wat na, en tenslotte kwam het in me op dat ik enorm graag visite ontvang, vooral logees. Mensen, vrienden en familie die blijven slapen.

Naast onze kamer was er een pracht van een logeerkamer.

Nieuw dubbel bed, grote kast, mooie schilderijen aan de wanden, en voorzien van dvd en televisie.

Ik vroeg aan Ilona of Christine is niet mocht blijven slapen daar het reeds zo laat was, en er de ochtend nadien nog een tatoeage moest worden geplaatst.

Ilona stemde toe. Christine ging al naar bed toe terwijl wij nog een tijdje opbleven.

De ochtend nadien kwam Christine in mijn bureau, nog half slapend binnengestrompeld. Ze had slecht geslapen, en ze dacht er alsmaar aan dat haar ouders niet echt tevreden zouden zijn dat ze ergens anders blijven slapen was. Als excuses haalde ze aan dat ze bij ons was blijven logeren omdat we een zogezegd verjaardagsfeestje hadden, dat was uitgelopen.

Haar ouders slikte het verhaal toen ze even later belde.

'Ik kan dat niet altijd doen hoor Alex, zo blijven logeren.', liet ze me weten.

Ik begreep haar, ik begreep hoe streng ze tegen hun volwassen dochter waren, en hoe bang ze eigenlijk wel van hen was.

De dag dat ze verjaren zou naderde. De avond voorheen was ze nog thuis geweest, en liet me weten dat ze bij Didier ging slapen, en dit voor het ganse weekend.

Toen ze dit had gezegd was ik meteen ontgoocheld. Waarom weet ik niet; Maar toen moest ik reeds een goed gevoel voor haar hebben gehad. Een soort van liefdesgevoel. Ik was er alleen nog niet achtergekomen.

Ik vond het spijtig dat ze naar haar, oh zo grote liefde ging, en ik kon alleen maar harde dingen tegen haar zeggen:

'Ga maar naar die idioot die niet naar je kijkt, laat je nog maar is lekker *neuken*, *pijp* hem is lekker, en amuseer je rot bij je verjaardag'.

Verdrietig vertrok ze naar huis toe om de dag erna heel vroeg in de ochtend naar hem te vertrekken.

Het was haar verjaardag die dag, een dag waarop mensen meestal de best wensen overbrengen.

Ik was nog steeds ontgoocheld dat ze bij Didier zat die dag, en niet bij mij.

Ik vond niet beter dan haar een sms te schrijven waar ik heel kort inschreef:
'*Ne* gelukkige!'.
Ik dacht dat ik geen antwoord ging krijgen, maar dat kreeg ik dus wel:
'Hij heeft me een postkaartje gegeven, en we gaan naar de bioscoop, mijn ouders, broer en zus zijn me weer vergeten'.
Ik antwoordde terug:
'Ga hem nu maar lekker pijpen, je lieve vriend'
Er kwam geen antwoord terug. Ik was gans het weekend pisnijdig, en Ilona noch ik verstond waarom ik zo deed. Diep in mezelf zat ik toen al meer in bij Christine dan ik zelf dacht, maar dat wist of besefte ik toen nog niet.
Die week was er opnieuw een tattoo te plaatsen. Christine kwam af, en ik maakte ruzie:
'Je moet niet denken dat je van mij ook maar iets krijgt, je hebt een pracht geschenk van hem gehad, een zalige *neukbeurt*'
Ze was verdrietig bij mijn woorden, verstond niet dat ik zo deed.
'We zijn toch maar gewone vrienden Alex, je bent gehuwd met Ilona, waarom doe je nu zo ?, vroeg ze.
Ik antwoordde niet, ook al wist ik toen dat ik enorm veel met haar inzat. Dat het liefde was, dat had ik zelf nog niet door...
Ik bedaarde, vergat het hele voorval, en vroeg:
'Waarom ga je toch altijd vrijen met zo een vent?'

'Denk maar niet dat het leuk is bij hem vrijen', liet ze weten.

Ik snapte het helemaal niet meer, en vroeg waarom.

'Hij heeft een enorme grote, en vrijen, doet vaak pijn.

Z' n eikel is als een *melocake*'.

Ik kon me al voorstellen wat ze bedoelde... een kanjer, en liet weten:

'Dat is niet zo bij mij hoor'.

'Dat weet ik', zei ze 'Maar de maat doet er niet toe'.

Opnieuw begon de jachtman in me op te komen.

Ik gaf haar de raad om is *wat* anders te proberen, en voegde er aan toe:

'Als je ooit een gewone maat wil proberen, ik ben kandidaat hoor'.

Maar, dat wist ze wel zonder dat ik haar dat zou gezegd hebben.

Ik wist ook dat ze zin had in erotiek, dat ze *heet* stond, en dat ik haar misschien zo ver kon krijgen om eindelijk 'het' te doen.

Aan Ilona, of wat ze er ook van zou zeggen of denken dacht ik toen niet. Het enige waar ik aan dacht was dat Ilona van me wist, dat seks voor mij geen liefde is, en in mijn ogen niemand echt monogaam is. Dat monogamie ooit door de kerk werd uitgevonden, en verder seks voor mij een spel is.

Op dat ogenblik zaten we samen in m' n bureau. Ik vroeg haar of ik een knuffel kon krijgen.

'Een gewone knuffel kan altijd Alex'

Ik kreeg mijn knuffel, maar pakte haar vast, tong zoende haar, wat ze ook toeliet, en ik vroeg haar opnieuw, net zoals de vorige maal om in de woonkamer te gaan zitten.

Ook nu leek heet haar geen probleem, ze volgde me, en even later, zonder in alle details te treden zat ze boven op me te tongzoenen, beiden nog aangekleed.

'Ik wil meer' liet ik weten

'Dat kan niet Alex, dat weet je'

'Wat maakt het toch uit Christine, *hij* kijkt toch niet naar je uit', sprak ik.

'Ik weet het maar ik kan het niet', zei ze toen.

'Ik wel, ik hou van je', zei ik, haar in haar ogen aankijkend.

Dat was de eerste maal dat ik openlijk tegen haar zei dat ik van haar hield. Geweten is wel dat elke man tijdens een partijtje vrijen de zinnen 'ik wil met je trouwen'; 'ik wil kindjes', en 'ik hou van je' makkelijker zeggen.

Of het gemeend was wat ik zei? Ja, ik denk van wel.

Ik vroeg haar of ik haar mocht vingeren, en er meer echt niet zou gebeuren.

Dat mocht.

Wanneer ik bezig was genoot ze zo erg dat ze uit de zetel schoof, en ik ook zo gewoon verder bleef doen.

'Kom terug op me zitten Christine, dan kan je niet meer vallen', liet ik haar met zachte stem weten.

Ze deed het; Ze voelde dan ook hoe *stijf* ik stond.
'Kunnen we niet heel eventjes stout zijn Christine?'
'Hoe bedoel je Alex?', vroeg ze toen.
'Wel, heel eventjes er in, en weer onmiddellijk uit'.
Dat het kon of niet, daar antwoordde ze niet op, maar voor mij was het snel duidelijk toen ze mijn ritssluiting opende.
Ze kwam op me zitten, het duurde minutenlang, langer dan ik gehoopt had. Tot slot zei ze:
'A.u.b. niet in me klaar komen'.
Dat deed ik niet.
Nadien had ze er spijt van, en ik ook. Zo spijt dat ik die avond opnieuw, eerlijk vertelde aan mijn vrouw wat we die namiddag hadden gedaan.
'Meen je dat nu?', vroeg ze.
'Ja', antwoordde ik mijn vrouw.
'En mij zei ze dat ze van je af ging blijven?', zei ze nu met een ietwat kwadere stem.
Opnieuw belde Ilona naar Christine:
'Wat heb je met mijn man gedaan, en wat had je me beloofd', sprak ze kwaad.
In plaats van ruzie te maken via telefoon besloot Christine om de ochtend nadien te komen praten.
Huilend vertelde Christine die ochtend:
'Ik hou van hem Ilona'
Het deed me wel wat dat Christine dit zei, maar zelf antwoordde ik heel grof en koel:
'Voor mij is seks geen liefde hoor'
'Je had me toch gezegd gisteren dat je van me hield Alex'.

'Ik zeg zoveel Christine', was m'n oneerlijke antwoord.
De durf om eerlijk te zeggen:
'Ik ook van jou Christine, maar ik ben bij Ilona, het kan niet', ontbrak me.
'Ik ken Alex', sprak Ilona 'Hij zou mij nooit verlaten'
'Ik kan niet beloven dat ik niets meer met Alex ga doen' gaf Christine als antwoord.
Ik kon wel met blijdschap in m'n stem zeggen:
'Ben je nu niet fier Ilona?'
'Hoezo?', vroeg ze me verbaasd.
'Dat ik je boze droom eindelijk heb kunnen doen uitkomen, dat je nu tegen iedereen kan zeggen dat ik echt ben vreemdgegaan, en *echt* een ander heb geneukt'
Ilona trok het haar precies niet al te erg aan. Ze had al genoeg problemen dat ogenblik.
Haar vader Serge, die jaren voorheen prostaat kanker had gehad was opnieuw ziek. Weer was de kanker doorgekomen.
Buiten bestralingen, en medicatie leek het mij een goed idee haar ouders te verrassen met iets onvergetelijks.
Ik heb de ganse dag gezocht op Internet naar een passend geschenk.
Ik dacht aan een onvergetelijke reis, en *dergelijke* trip kon alleen maar onvergetelijk zijn als je het beste van het beste geeft.

Toen ik op de sites van cruises aan het zoeken was vond ik informatie over de *Queen Mary 2*. Een luxe schip, veel groter en duurder dan de *Titanic* ooit.
Meestal konden alleen rijke lui dergelijke cruise maken. Rijk waren de ouders van Ilona niet. Zeker niet nu ze al die medische kosten hadden met de ziekte van haar papa.
Het prijskaartje was vijfduizend tweehonderd euro voor tien dagen Middellandse zee met dit reuzen schip, het grootste cruiseschip ter wereld.
Ik besloot dit als geschenk te geven, een geschenk waarvan ik hoopte dat Serge, net zoals Petra, de moeder van Ilona, naartoe kon leven, naar uit kon kijken.
Ik ging met Ilona naar het reisbureau, deed een reservatie, betaalde een voorschot, en diezelfde namiddag stuurde ik een fax waarin stond dat ze de beste schoonouders waren van de wereld, dat ik het enorm erg vond wat Serge moest doorstaan, en ik hoopte dat ze tevreden zouden zijn met dit speciale geschenk.
Ik wist dat niet iedere schoonzoon dergelijk *gek* idee krijgt om zo een duur geschenk te geven aan schoonouders, maar toch deed ik het.
Destijds was mijn eigen broer gestorven van kanker, en ik heb het altijd zo erg gevonden dat ik niks voor hem kon doen toen, dus dacht ik dat ik het nu wel voor iemand anders kon doen. Voor een man die ik al die jaren, dat ik reeds met Ilona samen was enorm vergeleek met mijn broer. Serge, zowel als mijn overleden broer Patrick

waren precies dezelfde personen. Ongeveer dezelfde leeftijd, en beiden de kalmte zelf.

Ilona haar moeder belde ons die avond op om mij te bedanken, om te zeggen dat dit echt niet had gemoeten, om te laten weten dat papa enorm naar de reis uitkeek.

Ik was blij, enorm gelukkig dat ik dergelijk geschenk had kunnen geven aan mensen die het in mijn ogen hadden verdiend om *zulks* moois mee te kunnen maken.

Wanneer ik op een avond in mijn wagen richting de stad reed, en er een liedje van de Titanic – film opstond moest ik huilen. Ik dacht aan Serge, de vreselijke ziekte die hij had, en hoe goed ik was geweest, hoe goed ik het met hen voor had.

Christine begreep me in m' n doen, ze vond het een schitterend idee dat ik dergelijk geschenk had gegeven.

'Je hebt een grote mond Alex, maar zo een klein lief hartje', zei ze me toen.

Ze vertelde weer over Didier, over hoe koel hij over alles ging, hoe hij zich van niets iets aantrok.

'Ik ben dik, lelijk, zeven jaar ouder dan jij, heb twee kinderen, en ik heb een been af, ik ben niks voor jou',

antwoordde ik.

'Je bent niet lelijk, je bent lief, en wat dan nog dat je een been af hebt?', zei ze hierop.

Ik vond het zo lief dit te horen dat ze me graag mocht, en dat mijn beenamputatie haar niet kon uitmaken, en antwoordde:

51

'Je bent een engeltje Christine, als ik niet gehuwd was wist ik wat doen, maar ik ben getrouwd, ik blijf getrouwd, en ik heb ook mijn kindjes die ik niet achter wil laten'.

Dat begreep ze, en ze wist ook dat we waarschijnlijk niets meer gingen doen.

'Mag ik een knuffel Alex?', vroeg ze me plots.

Dat leek me geen goed idee meer, en zei dan ook:

'Nee sorry, geen seks, geen knuffel, geen aanrakingen'.

Ze vond dat op zich wel erg, maar ik had dit ook geantwoord omdat ik me opnieuw wou beschermen tegen wat kon komen, wat er kon voortkomen uit een gewone knuffel. Een soort van muurtje dat ik rondom me had opgebouwd.

'Binnenkort vertrek ik weer op kamp Alex', zei ze.

Ik wist dat al, want ze had het al enkele malen verteld.

Ik liet haar blijken dat ik het niet erg vond, dat ik daar best mee kon leven, en wel tien dagen zonder haar kon.

De avond voor ze vertrok op kamp naar Zuid – Frankrijk

Zijn we samen T-shirts gaan afhalen die ik had laten drukken voor haar kamp. Het was heel laat toen we terug kwamen, en de ganse avond had ik mijn hand op haar been gehouden, gewoon om haar te laten voelen van:

'Ik zal je missen'

Ze nam de T-shirts mee naar huis. Ik liet haar nog weten dat ik het niet goed begreep waarom ze kampleidster was op die leeftijd, en dan nog iets deed waarmee ze twee euro en dertig cent per dag verdiende.

'Het is om thuis weg te zijn Alex, op kamp kan ik mezelf zijn, de leiding nemen, en me uitleven'

Het was haar vorm van vakantie nemen.

Ikzelf verkoos liever een zalige vakantie in mijn geliefde Zuid – Frankrijk waar ik misschien niet voor werd betaald, maar tenminste niet de ganse dag op wildvreemde kinderen hoefde te passen.

Weldra zou het mijn *toer* zijn om samen met Ilona en de twee kinderen naar het Zuiden te trekken.

De dag nadien vertrok Christine op kamp. Ik sms' te haar dat ik het erg vond dat ze weg ging, maar dat ik haar een goede reis wenste, en hoopte dat ze gauw zou terugkomen.

Ik dacht dat ik het zonder haar aanwezigheid aankon, en vroeg haar nog om welk uur, en waar de bus vertrok. Wanneer ze me de plaats had gezegd, vroeg ik me af waarom ze me niet had uitgenodigd om haar te gaan uitwuiven.

Dat had ze dus niet gedaan...

Toen ze die avond in de bus richting het Zuiden zat, sms' te ze mij:

'Waarom ben je mij niet komen uitwuiven Alex?'

'Je hebt me dat niet gevraagd te doen, ik wou het wel, maar dacht dat je niet wou dat je vrienden me zagen', antwoordde ik haar.

'Ik vind het spijtig dat je me niet komen uitwuiven bent!', zei ze.

'Dan had je me dat moeten laten weten, waarom denk je dat ik gevraagd had wanneer en waar je vertrok?', vroeg ik haar.

Het bleef enkele uren stil, ik beluisterde wat muziek en ging wat chatten op Internet.

Hoe graag ik ook Christine wou vergeten voor tien dagen, het lukte me niet, want ik wist dat het meer dan tien dagen zou duren, ik wist dat wanneer zij terug uit kamp kwam, wij al enkele dagen naar Zuid – Frankrijk waren vertrokken, en dus moest ik veel langer zonder Christine moeten.

Ik besloot het volgende per sms te versturen:

'Kom a.u.b. terug, ik mis je'

'Ik kan niet terugkomen, ik ben de hoofd leidster!', antwoordde ze hierop.

'En wat dan nog?, stuurde ik haar terug 'Dat jij je met dergelijke zaken bezighoud, meer dan met je lief, dat snap ik niet'.

'Je bent mijn lief niet Alex, jij bent de man van Ilona'

'En toch wil ik je als mijn lief, ik hou van je', stuurde ik haar toen door.

'Binnen tien dagen ben ik terug, en we zullen elke avond met elkaar sms' en', zei ze als schamele troost.

Ik begon erg kort en grof te worden via mijn berichten:

'Als je niet terugkomt, dan hoe je nooit nog te komen'

'Ik kan niet Alex', zond ze me even later door.

'Je kunt dat wel, stap gewoon uit die stomme bus, en ik kom je halen', stuurde ik weer.

'Hoe kan ik nu uit de bus stappen?'

Even later liet ze weten dat ze doodop was, dat ze wat ging proberen te slapen, maar me eerst eventjes zou bellen.

Dat deed ze een half uurtje later toen ze vanuit een benzinestation me opbelde.

Huilend zei ze:

'Kijk, ik hou ook van je Alex, dat weet je, maar ik kan nu echt niet terugkomen, die kinderen rekenen op me, en ik doe dat echt graag'.

'Hoe kan je die kampen belangrijker dan mij vinden ?'

schreeuwde ik, en legde de telefoon neer.

Ik zond nog enkele harde, smerige sms'jes, begon haar te verwijten als klein kind, domme trut, naïeveling, enz…

Er kwam geen bericht meer terug.

Huilend ging ik slapen. Ilona vroeg me constant die avond, en de ochtend nadien 'Waarom huil je? Hou je soms van haar?'

'Neen, ik hou niet van haar, maar ik mis dat ze hier is, want jij en ik hebben zovele gemeenschappelijke interesses niet, jij schildert niet bij me, jij tekent niet…', was m'n antwoord, ontwijkend dat ik wel verliefd was, haar enorm miste, en zo graag had dat ze bij me zou zijn.

Wanneer ik de ochtend na haar vertrek opstond begon ik al met sms'jes te versturen. Een honderdtal sms'jes vertrokken richting haar gsm.

Maar die stond af, dat kon ik opmaken uit het feit dat ik geen ontvangstberichten binnen kreeg. Deze kwamen pas rond vijf uur binnen. Toen wist ik dat ze haar gsm toestel had aangezet.

Ik vroeg aan Ilona of ze Christine is niet even kon bellen voor me, en of ze wou zeggen hoe laf ik het vond dat ze zomaar vertrokken was, ook al had ze me vooraf gewaarschuwd dat ze op kamp ging.

Dat ik het laf vond hoe ze me achterliet, met een gebroken eenzaam hart, ook al had ik dat er niet bij verteld tegen m' n vrouw.

Ilona belde. Toen ik hoorde dat Christine aan de lijn was begon ik hysterisch te huilen.

Ik schreeuwde, en smeekte: 'Kom a.u.b. terug!'

Ik moet zo erg hebben gehuild, zo diep in de put zijn geweest van haar vertrek dat Christine tegen Ilona had gezegd:

'Ik kom onmiddellijk terug!'

'Christine komt terug', sprak Ilona toen de telefoon gedaan was.

'Hoe gaat ze dat doen?', vroeg ik haar

'Dat weet ik niet' zei Ilona, 'Maar ze heeft gezegd dat ze nu terug gaat afkomen'.

Ik sms' te Christine, vroeg hoe ze ging terugkomen, en kreeg als antwoord dat een andere bus van het vorige kamp? dat nu ten einde was haar me naar huis zou brengen. De bus was wel al tien minuutjes vertrokken, maar keerde speciaal terug om haar terug op te pikken.

'Ik geloof er *niks* van' antwoordde ik

Even bleef het rustig. Een uurtje nadien kreeg ik een nieuw bericht binnen:

'Ik zit op de bus, en morgenvroeg ben ik weer bij je'

'Ik hou zo van je Christine, hoe moet dit nu verder?'

'Hoe bedoel je Alex?', vroeg ze me.

'Welja, tussen ons, Ilona, de kindjes', antwoordde ik.

'Ik weet het niet Alex, maar ik hou van je'

'Ik ook van jou Christine, ik kan echt niet beschrijven hoe', liet ik haar hierop weten.

'Ga nu maar slapen Alex, morgenvroeg ben ik er'.

'O.k. Engeltje, ik kom je halen'.

Die ochtend toen ik in bad zat, kreeg ik een berichtje binnen:

'Ik ben er al Alex, vroeger dan verwacht. Kom je me halen?'.

Onmiddellijk vertrok ik naar de plaats waar de bus was aangekomen, een veertigtal kilometer van ons thuis verwijdert.

Wanneer ik op de plaats aankwam en haar zag staan, kreeg ik de tranen in m' n ogen, zette haar bagage op de achterbank, stapte ze in, en pakte me dik vast.

Een verboden knuffel.

'Niet meer huilen Alex, ik ben er nu', zei ze.

'En wie is dan nu de hoofdleidster?', vroeg ik.

'Er is iemand die nog in zijn stage zit, en vanavond al zal aankomen op het kamp, om het van me over te nemen'

Ik vond het wel erg dat ze haar kamp, hoe stom ik dat kampen gedoe ook vond, nu had opgegeven voor mij. Iemand die waarschijnlijk toch niet kon kiezen tussen haar en Ilona. Iemand die sowieso één van hen emotioneel zou pijn doen, als het niet alle twee pijn zou bezorgen.

Ik probeerde niet te denken aan het feit dat ik Christine nu duidelijk had gemaakt, dat ik enorm van haar hield, en dat ik eveneens Ilona duidelijk had gemaakt met mijn hysterische huilbui, hoe erg ik om Christine gaf;

Meer dan dat ik ooit had durven toegeven.

We gingen samen naar huis toe. Ilona was uiteraard ontgoocheld in het feit dat Christine echt was teruggekomen, maar liet dit niet blijken.

We gingen in de bureau zitten, en Christine zei:

'Ik ga wel mijn volgend kamp doen dan...'

De maand erop, slechts veertien dagen van dat moment verwijderd, zou ze naar een nieuw kamp in Spanje zijn vertrokken.

'Oh nee...', was het enige wat ik kon zeggen, en begon weer te huilen.

'Ik kan niet zonder je Christine, ik hou zo van je!'.

Even werd het stil, maar al even snel sprak Christine

'Ik zal dat kamp ook afzeggen'

'Nee, dat moet je niet, ik weet hoe je er naar uit kijkt, hoe belangrijk die kampen voor je zijn...'.

'Ik beslis dat zelf wel Alex, ik heb zitten na te denken, en er is inderdaad meer in het leven dan kampen…', liet ze me met volle overtuiging weten.

Ik was er eerder van overtuigd dat ze dit zei om mij te plezieren, maar toch bleef ze doorhameren op haar beslissing. De dag nadien vertrokken we samen naar de hoofdzetel van de kampleiding, waar ze een zelf samengestelde map ging binnengeven over dat nieuwe Spaanse kamp.

'Dat kan de nieuwe hoofdmonitor goed gebruiken', zei ze, en liet even later weten toen ze de auto weer instapte

'Zo, alle kampen zijn voorbij, alles is in orde'.

Ik voelde me enorm schuldig.

'Je had dit niet voor mij moeten doen Christine'?

'Ik doe het voor mezelf Alex, en je hoeft je niet schuldig te voelen'.

Ik probeerde het schuldgevoel tegenover haar kampgebeuren van me af te zetten.

Dat lukte pas toen we even later thuis als gespreksonderwerp 'Zuid – Frankrijk' aanhielden. Hoe ik haar vertelde hoe mooi het daar was.

Daar Ilona, ik en de kinderen toch naar Zuid – Frankrijk wilde vertrekken, kwam nu ook terzake om Christine mee te nemen.

Het leek voor Ilona geen enkel probleem te zijn.

Ik begreep ook eerst niet goed dat mijn vrouw hier geen enkel probleem mee had.

'Ik ga wel nog even naar huis dan', zei Christine die ook liet weten dat haar ouders met de motor op vakantie waren in Frankrijk.

We zijn die namiddag nog eventjes bij haar thuis langs gereden, en is ze snel binnen gegaan om tegen haar zus te zeggen dat ze terug was van kamp, en met ons mee op vakantie vertrok.

Toen het zover was dat Ilona haar ouders die week de cruise tickets ontving van de *Queen Mary 2* reis die we hadden geschonken, stelde ik voor om nog extra zakgeld voor haar ouders in een enveloppe te geven. Ik had opnieuw een mooie brief gemaakt, ééntje waarop ik had geschreven dat ze het pas mochten openen in het vliegtuig naar Engeland. In de enveloppe zat vijfhonderd euro. Zomaar als extraatje.

Die dag dat Ilona de brief met vijfhonderd euro ging afbrengen naar haar ouders, die zeventig kilometer van thuis af wonen, was het ook onze huwelijksverjaardag. Ilona en ik waren precies een jaar getrouwd.

Christine had al van op de bus in Frankrijk naar haar vriend Didier een berichtje gestuurd dat het uit was tussen hen, en dat ze met mij wou verdergaan, dat hij en zij totaal niks gemeen hadden, dat ze gedurende die, iets meer dan twee jaar bij hem blind was geweest, en dacht dat wat zij samen hadden echte liefde was.

Wanneer Ilona naar haar ouders was, en zij en ik alleen thuis waren hebben we drie uur lang gevreeën in de logeerkamer, op het bed waar zij sliep. Zonder in details te treden, heeft ze toen niet gezegd: 'A.u.b. niet in me klaarkomen', …Het gebeurde dus wel.

Wanneer Ilona later die avond op onze eerste huwelijksverjaardag thuiskwam, hebben we tegen haar gezwegen als een graf. Ik voelde me niet eens schuldig, en kon alleen maar denken over hoeveel ik met Christine gemeen had, en dat ik het gevoel had dat Christine veel meer om me gaf dan Ilona.

We moesten nog even wachten met vertrekken naar Zuid – Frankrijk, want financieel kon het noch niet doorgaan, ook moesten we sowieso wachten op het huwelijk van Ilona haar zus, dat plaats vond. We konden onmogelijk gaan aanhalen, dat we veel liever op vakantie vertrokken dan naar hun huwelijksfeest te gaan;
Ook al had Ilona en ik het idee dat we haar zus toch alleen maar hoorde wanneer Ilona haar moeder thuis was, en ze verder misschien maar éénmalig per jaar op bezoek kwam bij ons. Ilona had geen echte band bij haar zus, en dat was al zo sinds zuslief ooit gaan studeren was in Amerika. 'Sinds toen veranderde ze enorm, en heeft ze een *dikke nek* gekregen', liet Ilona me ooit weten.
Na het huwelijksfeest terug thuis aangekomen, was Christine er ook weer die ondertussen bij een vriendin van ons op bezoek was geweest.
Die week, telkens wanneer Ilona het niet zag, of ook maar eventjes afwezig was, hebben we geknuffeld, gekust, heb ik me laten pijpen, of hebben we gevreeën.
De tijd was nu aangebroken om alle bagage klaar te maken, en richting Frankrijk te vertrekken.

Hoofdstuk 3
Met mijn vrouw en vriendin op vakantie

Mijn oudste zoon Yannick, kwam heel goed overeen met Christine. Dit kwam vast ook door haar baan als lerares, en al die kampen die ze al met kinderen had gedaan. Wanneer de auto was volgeladen, de aanhangwagen er aan hing, vertrokken we op een ochtend met z'n allen naar Frankrijk. Het zou een rondrit worden door Frankrijk en Italië, waarbij we mooie dingen gingen bezoeken.

Die ochtend in de auto was het vrij stil. Alleen ik sprak, maar zweeg ten slotte toen ik merkte dat niet Ilona of Christine ook maar iets tegen elkaar zei.

Frederique was enorm lastig, huilde alsmaar, en ik zei plots met verheven stem:

'Als je het toch niet erg vond dat Christine mee op vakantie ging, waarom zeg je dan nu niets tegen haar?'.

Ik bekeek Ilona in m'n achteruit kijk spiegel.

'Ik weet niet wat zeggen', sprak Ilona.

Christine die naast me zat, vooraan in de auto merkte dat ik nerveus werd. Ik stopte aan een benzine station en ging een broodje halen. Daar mijn vrouw niets wou, uit pure koppigheid, smeet ik mijn ongeopend broodje richting de auto, en zei daarbij:

'Eet ook maar iets Ilona'.

Terug in de auto, liet ik weten dat ik het niet fijn vond dat ze zo deed, dat ze niets zei, dat het voor haar o.k. was dat Christine mee ging naar Frankrijk, en dat ik gek werd van die stilte die nu al enkele uren duurde, en als het zo bleef verdergaan dat ze dan maar de trein terug naar huis moest nemen en ik wel met Christine alleen op vakantie ging.

'Ik weet dat je van haar houd', sprak Ilona plots 'Laat er ons nog een laatste vriendschappelijke reis samen van maken, je mag zelf met haar slapen'.

Ik stond verwonderd van haar woorden.

Dit was niet echt wat ik wou, slapen met Christine, en Ilona verdrietig zien. Ik wou niemand verdrietig zien.

Ik had geen zin om voor mijn kinderen een gespleten persoonlijkheidsspel te spelen, en hen opeens het idee te geven dat er een *nieuwe mama* zou zijn.

We vertrokken terug, zodra Christine weer in de auto was gestapt. Frederique bleef huilen, de sfeer werd wel iets beter, en er werd eindelijk terug gepraat, na uren stilte.

Die avond kwamen we aan in een vier sterren hotel aan de Mont-St-Michel. Een hotel waarin elke kamer uitzicht op de Mont was.

Een duplex kamer die amper driehonderd euro voor een nachtje koste.

Ilona en ik sliepen boven, Frederique sliep in z'n reisbedje, Yannick sliep in een bijgeplaatst bed, en

Christine sliep in de sofa die tot bed kon gemaakt worden.

We kregen de kamer aan tweehonderd euro, daar het eerst de bedoeling was geweest om twee kamers te nemen, zodat Christine haar eigen kamer had gehad, en Ilona ook ergens haar eigen vakantie met mij kon doorbrengen.

In het hotel was Ilona en Christine vrij rustig, maar al snel kwamen ze allebei wat losser.

De ochtend nadien heb ik met Christine zitten schilderen op het balkon van de hotelkamer. Een groot ruim balkon waar een tafel en enkele stoelen stonden.

Het thema werd de Mont-St-Michel, maar echt geconcentreerd konden we niet schilderen. Het werd een snelle schets, gemaakt met sneldrogende acrylverf.

Nadien reden we door naar het kasteel van *Louis de Funés*. Een prachtig kasteel langs de Loire te Le Cellier, een deelgemeente van Nantes. Daar ik altijd een zwak heb gehad voor films van *de Funés*, en het mijn grote filmidool is, besloot ik om terug te keren naar deze plaats en ook naar zijn graf.

Christine vertelde me dat ze het kasteel heel mooi vond.

Dat ze hier zeker nog is wou terugkomen ooit… met mij…alleen.

Ik reageerde hier niet op, keek even later naar Ilona, en desondanks de vrij vele *kibbels* die ik bij mijn vrouw al had gehad, dacht ik er niet aan ze zomaar op te geven.

Maar naarmate de vakantie vorderde, en we ten slotte in Fitou aan kwamen, daar op hotel gingen, en ik uit Ilona alleen maar kon uitmaken dat ze me precies in de richting van Christine duwde, dacht ik er meer en meer aan om misschien toch met Christine verder te gaan.

In Fitou zaten we op een strand waar we met de wagen stonden geparkeerd. De auto op amper vijf meter van het water, en het water met een diepste punt van een halve meter.

Christine en ik zaten in het water. Vrij ver de zee in, ver genoeg om een kusje te geven zonder dat Ilona het van aan de kant kon zien, maar nog dichtbij genoeg om het wel te laten zien indien we lang zouden kussen.

Ook al kuste we eventjes door, Ilona die het zag, zei ze er niets van toen we uit het water kwamen.

Ik had zo een idee van 'Ja ze wil me echt kwijt'

Wetende dat Ilona het had gezien, vroeg ik haar of het haar dan niets uitmaakte, en of ze me soms aan Christine wou 'schenken', maar haar antwoord daarop was:

'Momenteel zijn alleen mijn zoontje en m'n vader belangrijk voor me, de rest doet er niet doe'.

Dat kwam hard aan. Voor mij was dit eerder een bevestiging dat ze liever had dat ik met Christine verder ging.

We gingen naar het grote strand, waar het water dieper en gewoon was, en waar je bij de auto niet op het strand kon. Op dit strand was een restaurant waar we vaak zaten. Een heel vriendelijke kelner bediende ons vele avonden en vele middagen.

Het eten was er lekker, en Christine en ik aten dagelijks scampi's, en dronken dagelijks dezelfde fles rosé wijn.

Onder invloed van drank begon ik te huilen. Zat was ik niet, wel wat aangeslagen, *in de wind*.

Ik vroeg me af of het werkelijke leven dat ik had, hetgeen was wat ik met Ilona had opgebouwd.

'Ik weet het niet meer Christine…', zei ik.

'Wat weet je niet meer', vroeg ze terwijl Ilona met Yannick en Frederique wandelen was op het strand wat verderop, en we op het bestelde eten zaten te wachten.

'Ik weet niet meer wat ik van Ilona moet denken, dat ze zo simpelweg zegt, dat alleen Frederique en haar vader telt'.

'Ik hou van je Alex', sprak Christine, kijkend in m'n donkere ogen.

'Ik ook van jou Christine m'n engeltje…'.

Ik kreeg tranen in m'n ogen, dacht eraan hoe ik misschien weer moest inzien dat mijn huwelijk na de vakantie voorbij zou zijn. Dat zeven jaar naar de 'hel' was. Voor ik Ilona kende was ik haast negen jaar getrouwd geweest met de moeder van mijn oudste zoon Yannick.

'Derde keer, goede keer…', sprak ik, heef m'n glas wijn, dronk het in één teug op, en bestelde nogmaals dezelfde fles rosé wijn.

Christine vertelde over haar kampen, over haar geluk dat niet op kon, en hoe graag ze me had.

'Sinds de dag dat ik terug kwam van m' n kamp, voor jou koos en niet voor de kampen heb ik me voorgenomen er voor te gaan Alex'.
'Hoe bedoel je engeltje?', vroeg ik haar.
'Ofwel was het dat leven met mijn kampen, ofwel ging ik voor jou'.
Ik begreep wat ze wilde zeggen. Ze had beslist om te gaan voor een toekomst met een man waarvan ze hield, ook al was die wat ouder, ook al had die twee kinderen bij twee verschillende vrouwen, en ook al had die een been minder.
'Ik ga voor jou Alex', sprak ze met volle overtuiging.
Aan de toon dat ze dit zei, de zelfzekerheid wist ik dat ze voor mij ging vechten. Dat ze tot 'op het bot' door ging gaan tot... als ze me eindelijk zou hebben.
Het deed goed dit gevoel, te weten dat ze voor me ging, dat ze me echt wou. Vooral omdat ze zoveel gemeen bij me had. Nooit eerder had ik een vrouw gekend die zoveel met me gemeen had als zij.
We bleven wijn drinken, ook toen mijn vrouw er bij kwam zitten. Wanneer Christine naar het toilet ging en ik even met Ilona aan tafel alleen zat zei ze me:
'Ik voel me het vijfde wiel aan de kar'.
Ze bedoelde dat ze er maar bijzat, dat er geen aandacht naar haar toe was, en dat we waarschijnlijk deden alsof ze er niet bij hoorde.

Ergens was dat ook zo, ik reageerde niet maar dacht wel aan haar woorden van die namiddag… aan het feit dat Frederique en haar vader belangrijk waren, en ik dus onbelangrijk..

Hoe ze zelf dagen voorheen had gezgd, dat we een laatste vriendschappelijke vakantie gingen maken, om tot slot thuis uit elkaar te gaan.

'Je hebt het zelf gewild, jij hebt gezegd dat dit een vriendschapsvakantie werd, jij zegt zelfs niets als ik Christine tongzoen, en je er op toekijkt. Je interesseert je alleen maar voor je vader, en onze zoon…', was wat ik kort antwoordde.

Ik werd kwaad, wachtte op Christine' s terugkomst, en besloot om verder de fles wijn te ledigen.

Ik hief het glas, en zei:

'Op ons, Christine…', en tikte het glas, tegen haar glas aan, toastend op ons.

Ik keek naar Ilona en zei: 'Dit wil je zelf hoor…'.

Alsof Ilona er niet bij was dronken we verder, tot als we ten slotte allebei goed in de wind waren. Christine al iets meer dan ik.

Ze had het zo erg zitten dat ze plots moest overgeven.

Ik zei nog: 'Niet hier!'

Maar dat was al te laat, ze bukte haar, en over de rand van de houten balustrade die het strandrestaurant afscheidde van het strand begon ze over te geven. Iedereen aan andere tafels keken ons, en in hoofdzaak Christine aan.

Wanneer ze weer recht op stond, weer aan tafel zat, keek ik haar boos aan, dit omdat ze de splinternieuwe duikvinnen van Yannick had *ondergekotst*, die in het zand lagen uit te lekken.
'Hoe durf je?!', schreeuwde ik tegen haar 'Wat moeten de mensen niet denken'
'Sorry Alex', zei ze stil.
'Dat je moet overgeven, o.k., maar niet hier aan tafel, en dan nog op het duikgerij van Yannick, dat kan er bij mij echt niet in. We gaan naar huis!'.
Boos stond ik op, iedereen volgde, en Christine bleef maar herhalen dat het haar speet.
Op weg naar de auto zei ik haar nog dat ik het erg vond omdat mijn zus destijds zelfmoord had gedaan door ophanging, na dat ze dagelijks drie flessen wijn dronk, en ik niet tegen *bezopen* personen kan... ook al was ik zelf niet al te nuchter.
Aan het hotel gekomen, na een ijzige stilte in de auto, werd ik weer beter gezind. Christine had al genoeg gezegd dat het haar echt speet, en dat ze van me hield, en zodoende zei ik tegen Ilona:
'Ik blijf nog wat beneden om te ontnuchteren'.
Aan het hotel was een terras met tafels en stoelen, waar je als hotelgast ook 's nachts kon gaan zitten, ook al was het er dan pikkedonker.
Yannick die nog even bij ons blijven zitten was, en daarna ook naar bed toe ging, liet Christine en mij alleen achter.
'Ik heb zin in jou', zei ik tegen Christine.

'Je weet dat ik voor je ga Alex', was haar kort antwoord.

We besloten om samen achter het hotel in de wijnvelden te duiken, en daar te doen wat niet echt moet beschreven worden. Daarna gingen we naar bed toe, ieder zijn bedje, ik bij Ilona, zij alleen, maar wel op dezelfde kamer.

De dag nadien gingen we opnieuw naar dat strand, maar toen gebeurde er iets wat ik erg vond.

Ilona kwam in het water, en verloor daar haar huwelijksring.

Ik had haar altijd gezegd dat ik het verlies van een trouwring vreselijk zou vinden... Ik vond het ook vreselijk. Ik vroeg me af of dit een teken was.

Een teken dat Ilona en ik uit elkaar moesten gaan, of een teken dat we elkaar een nieuwe kans moesten geven.

Urenlang heb ik tussen de planten in het ondiepe water gezocht naar de ring, maar niet gevonden.

Ik nam een snorkel en een bril, maar ook toen vond ik de ring niet, ook al kon ik onder water niet beter bedenken dan te bidden voor het terugvinden van die ene ring.

Maar het urenlang zoeken was tevergeefs, ook de dag nadien ben ik nog gaan zoeken, maar ook toen was de ring niet meer vindbaar.

We gingen die avond weer naar het restaurant waar we de avond voorheen hadden gezeten, waar de avond voorheen Christine had overgegeven.

Haast zoals de avond ervoor begon ook deze avond, met het bestellen van scampi's. Ilona met

de kinderen aan het strand, en wij met dezelfde fles rosé wijn, klinken en toosten op de toekomst.
Ook nu moest Christine naar het toilet. Daar Frederique haar volgde riep Ilona haar na:
'Kijk je op Frederique, want die wil mee'.
Dat was geen probleem, ze keek even om, maar snel was Ilona, toen ze hen achterna ging en zag dat ze niet naar Frederique uitkeek, terwijl hij haar over de drukke straat volgde.
Wanneer Christine terug was en ik boos was, zei ik met verheven stem:
'Ben je stom of wil je mijn kind dood?'.
Ze zweeg.
'Ben jij echt wel een kampleidster, een hoofdmonitrice die op kinderen moet kijken?', vroeg ik haar boos.
'Ja Alex'.
'Erg als je als ouder je kind op kamp moet meegeven, als er zo slecht op je kind wordt gelet', liet ik haar weten.
Ik maakte duidelijk dat ze niet verplicht was om op mijn kinderen te kijken, maar dat ik het wel erg vond dat ze gezien had dat Frederique mee ging, en ze niet eens achter haar om had gekeken.
Ik bleef een tijdje boos, maar het eten van de scampi's en de zalige wijn die we dronken die avond zonder echt zat te worden, maakte daar verandering in.
Christine ging na het eten nog in het water met Yannick. Het was al bijna volledig donker, en het water was nog heel warm.

Ilona vertelde me toen we alleen zaten dat het een schande was dat Christine niet naar Frederique had gekeken, dat ze nooit nog wou dat Christine op Frederique keek, en als ik ooit echt met die 'vrouw' samen zou gaan, dat ze dan zeker Frederique nooit bij ons alleen achter zou laten.
Ik was boos, en desondanks ik Ilona moest gelijk geven in haar denken en in haar reactie zei ik:
'Kijk dan op je eigen kind, ze is niet bij ons als *aupair* hé!'.
Ilona zweeg, maar wist ook wel dat ik het zo niet bedoeld had, maar het wel zo had gezegd.
Voor we terug naar het hotel gingen kocht ik nog een zelfde fles wijn, die ik aan Christine gaf met de woorden: 'Hou deze bij voor thuis'.
'Die houd ik bij voor onze eerste avond als we ooit samen wonen Alex ...', was het antwoord.

De volgende dag besloten we opnieuw naar het strand te gaan, om te zoeken naar de huwelijksring van Ilona. Zoekend op de ondiepe bodem tussen de weelderige planten kwam ik tot het besef dat ik met iets bezig was zoals het zoeken naar een 'speld in een hooiberg'
Vinden zouden we het niet, al bleef ik er nog weken naar zoeken.
Nadien gingen we terug naar het hotel, om daar is wat te gaan eten.
Twee jaar voorheen had ik en mijn vrouw deze mooie *Auberge* bezocht, en hadden we ontdekt dat

de keuken er fantastisch was. We hadden hier kreeft, kaviaar, kwartel eieren en oesters geproefd.

Toen we aan de ronde tafel zaten, en de hotel eigenares ons de kaart had gegeven, moest ik spijtig genoeg ontdekken dat dit *degustatie* menu niet meer bestond.

De bazin haalde aan dat het moeilijk was om personeel te zoeken, dat zij nu de zaal moest doen, en haar man het niet alleen in de keuken aankon als hij ook nog is dergelijke vele- gangen menu's moest gaan klaarmaken.

Dan maar wat anders. Het werd een voor, hoofd – gerecht en dessert. Als supplementje bestelde ik een fles dure champagne, daar ik wist dat Ilona dit graag lustte, en als toemaatje mijn lievelingswijn, een fles rode *Chateauneuf du Pape*.

Als wijn bij het voorgerecht nam ik een gewone *Chardonnay*, maar de mengeling van al deze drank, en als aperitief ook nog enkele kir' s die reeds waren gedronken kwamen we tot en punt dat we in de wind kwamen.

We merkten duidelijk dat Ilona al meer dronken was dan wij. Frederique die boven in bed lag, daar ging Ilona elke tien minuten naar kijken of alles o.k. was.

Wanneer ze de tweede maal, tussen het voor en hoofdgerecht in, opnieuw ging kijken, zei ik tegen Christine:

'We gaan haar zat voeren, en zelf gaan we doen alsof we drinken… '.

Christine zweeg, kon niet antwoorden, want Ilona was ondertussen al terug gekomen.

Ik schonk bij iedereen de rode wijn bij, ook bij mezelf. Ik begon te proosten:

'Op dit hotel en het lekkere eten…'.

Ilona en Christine hieven eveneens hun glas, en dronken. Christine zag dat ik net hetzelfde deed, alleen deed ik alsof ik van de wijn dronk, maar dronk niet…

'Op het witte strand en de zalige scampi's…',

'Op de mooie hotelkamer…',

'Op van alles en nog wat …',

Christine deed ook alsof ze dronk, maar dronk enkel alleen nog wanneer ze na elke toost die ik had uitgebracht in mijn richting zei:

'En nog meer…', waarbij ze zichzelf en mij bedoelde, en onze eventuele toekomst.

Ilona was meer zat dan nuchter, en kon ten slotte niet meer.

'Zo een dure Chateauneuf kan je toch niet laten staan', sprak Christine die eveneens als ik vond dat mijn vrouw nog niet genoeg gedronken had.

Het was leuk om te zien hoe zat Ilona wel was, en hoe moeilijk ze de trappen op geraakte naar onze kamer op de tweede etage.

Wanneer we in bed lagen en Ilona wat onzin uitkraamde, onverstaanbare woorden, moesten we allen lachen.

'Nu een goede massage, en dan slapen', zei ik nog om te lachen.

Christine vertelde dat ze echte massage kon geven, en dat soms op haar kampen gaf.
'Mag dat ?', vroeg ik aan m' n vrouw.
'Ja hoor', bevestigde ze.
'Het is wel geen erotische massage hé', voegde Christine er nog aan toe.
'Nee, dat is ook de bedoeling niet', zei ik, terwijl Christine me begon te masseren. Rug, buik, benen en ook mijn hoofd.
Daarna werd ook Ilona gemasseerd door Christine, waardoor ze in slaap viel.
Een enorm stout idee kwam in me op.
Ik dacht eraan dat Ilona nu in een dikke roes lag te slapen, nog meer in slaap werd gemasseerd, en de kinderen in het vertrek er naast lagen, en ons dus niet konden horen of zien...
'Kus me', zei ik tegen Christine
We kusten, en we kleden elkanders onderkant uit.
Heel vlug, want dit werd een vluggertje.
Half dronken lag ik op Christine naast mijn vrouw bezig.
Opwindend was het wel, tot Christine en ik hadden gezegd hoe graag we een kindje wouden...
En Ilona zich even had omgedraaid...
Mijn vrouw had alles gehoord, ook dat we een kind samen wilden, Christine en ik.
Pas de ochtend nadien, wanneer Ilona nuchter was liet ze duidelijk verstaan dat ze alles had gehoord, en niet echt sliep. Hoe verschrikkelijk ze het vond dat Christine en ik gewoon naast haar waren bezig

75

geweest, en vooral hoe we het over een kindje maken hadden.

Ik denk niet dat dit was gebeurd wanneer we nuchter waren geweest, maar anderzijds was Christine en ik nu ook niet zo erg zat die avond. Het zou meer een avontuurlijke reactie zijn geweest op het feit dat Ilona zo afstandelijk van me was, en me precies toen die tijd bij Christine wou hebben, maar ook al was dat zo, kan ik dit niet goed praten dat we toen geneukt hebben naast mijn vrouw.

Die ochtend was Ilona razend op Christine. Een ganse dag hebben ze niet meer tegen elkaar gesproken. Ilona verweet Christine van hoer, en mannen afpakster, en Christine liet me daarop weten dat ze enkel nog tegen mij praatte en niet meer tegen Ilona.

Twee 'honden' vochten om één been. Ik voelde me tussen twee vuren. Één vuur dat me deed geloven dat ik bij het andere vuur moest verdergaan.

Het werd een moeilijke dag. Eentje die me deed denken aan de eerste dag toen we met vakantie waren vertrokken. De twee vrouwen die weer opnieuw niet tegen elkaar praatte.

Op een ogenblik, iets na de middag zei Christine:

'Ik vind dat je nu de knoop moet doorhakken Alex'.

De knoop doorhakken, met andere woorden beslissen met wie ik verder wou gaan leek me nu niet het goede moment.

Voor we vertrokken waren naar Frankrijk hadden we met z'n allen beslist, dat we niemand zijn vakantie gingen *verkloten*, en zeker niet door dergelijke beslissingen te moeten nemen.
'Wil je dit echt Christine ?', vroeg ik.
'Ja Alex, ik wil het nu weten', zei ze kort.
Christine was er van overtuigd dat ik voor haar zou kiezen.
Op dat ogenblik zaten we buiten op het terras van het hotel. Ilona, Christine en ik, en gelukkig niemand anders.
Ik aarzelde even mijn antwoord te geven, maar deed het dan toch maar:
'Ik kies voor......',
Keek even naar Christine, keek daarna in de richting van Ilona en maakte mijn besluit:
'....Voor mijn vrouw'.
Christine verschoot en had dit antwoord nooit verwacht
'Dit antwoord zou ook nooit zijn gekomen, als je me dergelijke laffe vraag niet verplicht had te antwoorden op een vakantie waarbij ik duidelijk gezegd had dat we als vrienden weg gingen gaan, en er toch weer meer is gebeurd, en ik niemand zijn vakantie wou verbrodden!', riep ik Christine toe.
Christine barstte in tranen uit, begon hysterisch te doen, en ging daarbij op de harde vloer van het terras liggen, om zo op haar knieën vooruit kruipend naar me toe te komen, terwijl ze riep:

'Ik hou van je Alex, ik hou zo van je, het spijt me zo dat ik het nu wou weten, ik wou dit niet !'.
'Je hebt er zelf voor gekozen Christine', antwoordde ik heel koel, maar tegelijkertijd dacht ik hoe spijtig ik het vond dat ik gezegd had: 'ik kies voor Ilona', terwijl ik dat ogenblik beter eerlijk gezegd had: 'ik kies nu voor niemand'.
Wanneer iemand me onder dergelijk druk een antwoord laat geven, slaan m' n stoppen ook wel is door, en heb ik dan ook dergelijk koel antwoord gegeven.
De hotel eigenares had het gehuil van Christine gehoord, en kwam even door de deur kijken, maar ging daarna weer snel naar binnen.
Ondertussen was Christine huilend naar de grote draaitrap gelopen die naar de kamers leed, maar daar ik meteen dacht aan de Christine die zichzelf pijn kon doen, zei ik tegen Ilona:
'Alsjeblieft ga haar achterna, en zorg dat ze niets stom doet'.
Ilona volgde haar, en ging boven in de kamer met haar praten. Ik hoopte op echt praten en haar bekoelen, maar het werd een hoop verwijten, zo bleek achteraf.
Wanneer ik daarna eventjes bij Christine alleen was liet ik haar weten dat ik het niet fijn vond om dergelijke dilemma's te moeten stellen op vakantie. En ik voegde er ook nog aan toe dat ik het zo niet had gemeend, dat ik eigenlijk wou zeggen dat ik niets wou beslissen, en dat ik van haar hield, maar

dat ik Ilona dit onmogelijk op vakantie kon aandoen.

Ze begreep dat ik eigenlijk wou zeggen dat ik van haar hield en niet zozeer van Ilona, en dat ik eigenlijk had willen zeggen: 'Ik kies voor jou Christine'.

Maar dergelijke vragen moeten beantwoorden, gesteld onder drang, kon ik niet eerlijk antwoorden.

De dag nadien zat de vakantie er voor ons in Fitou op, het werd tijd om door te rijden naar de *C' ote D' azur*, meerbepaald naar Le Dramont, een deelgemeente van St-Raphael.

Voordat we door reden liet ik Christine weten dat ik het spijtig vond dat ze zo had overgegeven op de zwemvliezen van m' n oudste zoon, waar op ze besliste om terug naar die winkel te rijden van waar deze kwamen, en er voor Yannick nieuwe te kopen.

Ik vond dat wel een mooi gebaar, maar anderzijds had ik wel dat wrang gevoel over het feit hoe zat ze was geweest, hoe ze ons voor schut had gezet door zo voor iedereen over te geven.

De zeshonderd kilometer lange tocht naar het echte zuiden van Frankrijk kon beginnen.

In de auto waren de kinderen vrij rustig, ook Frederique.

Buiten het feit dat een idioot van een Shell tankstation ons probeerde wijs te maken dat één van de autobanden weldra ging klappen, en ons nieuwe en dure banden probeerde aan te smeren, was er niets aan de hand.

In St-Raphael aangekomen kwam er een nieuwe discussie. Ik had het idee dat het voor de kinderen beter was om op de camping te gaan staan. Zo dacht ook Christine erover die me precies als een hondje volgde in alle beslissingen, maar Ilona had meer een hotel- gevoel.

Toen we gingen kijken of er nog plaats was in het hotel waar we de jaren voorheen steeds waren geweest, en daar geen enkele kamer meer vrij was, kon de beslissing snel worden gemaakt.

Het zou de camping worden, maar er was nog één probleempje, namelijk dat we geen camping gerei mee hadden genomen.

Op zich geen probleem, geld hadden we genoeg mee, en zo werd er dan beslist om in het plaatselijk grootwarenhuis een volledig geëquipeerd lot camping gerief te gaan kopen. Tent, slaapzakken, tafel, stoelen, lucht matrassen...

De camping waar we heen gingen gaan was gelegen in Le Dramont, enkele kilometers buiten St-Raphael.

Een camping die voor mij al jaren een speciale betekenis had. Hier kwam ik als kind bij mijn moeder, bij mijn broers, en bij mijn zus. Hier kwam ik al tweeën dertig jaar, sinds ik twee jaar oud was.

Niet alleen dat sprak me aan, maar ook dat *Louis de Funés* hier ooit een film had in opgenomen, genaamd *Le Corniaud*.

Deze camping met privé strand, leek me dan ook een ideale plaats om weer maar naar toe te trekken, ook al had ik jaren geleden al beginnen te zeggen, telkens voor de vakantie, dat ik daar niet meer naar toe zou gaan, dat het elk jaar hetzelfde was. Maar telkens wanneer ik voor de ingang stond was ik 'verloren', en zo was het ook nu.

De tent werd opgezet, en ook bij dit gebeuren kreeg ik opnieuw dat ene gevoel dat Ilona me liever bij Christine alleen zag.

Ilona ging met Frederique wandelen, richting de kleine speeltuin vooraan in de camping, en liet Christine en mij de tent alleen opzetten.

Wanneer dit enige tijd later was gebeurd kon de camping vakantie beginnen.

Er waren drie compartimenten in de tent. In de linker kamer sliep Christine, in de middelste kamer Ilona en ik, in de rechterkamer Yannick, en in de tent gang Frederique in zijn reisbedje, dat te groot was om in dergelijk vertrek bij te plaatsen.

Mijn vrouw stond er wel op dat zij tegen de gordijnen muur aansliep, die Christine van ons scheidde.

Zo was ze ook zeker dat niet ik, of Christine met onze handen aan elkaar konden komen onder dat gordijn door.

Enkele dagen verliepen zonder problemen. Zonder echte ruzies, zonder echte haat.

Op een avond trokken we naar het strand. Ilona besloot om wat later te komen daar Frederique zijn laat namiddag dutje deed.
Yannick, Christine en ik vertrokken al naar het strand.
Daar aangekomen hebben we ons aan de kant gezet, terwijl Yannick reeds in het water ging plonsen.
We zaten er een half uurtje toen Christine achter me kwam zitten, en ik voor haar mijn rechterhand op haar voet zat, en deze begon te strelen.
'Je hebt kleine lieve voetjes, zo lieve teentjes', sprak ik stil.
Christine zweeg, maar wist dat ik dit al eerder had gezegd, dat ik het wel meende hoe mooi en lief ik die voeten van haar wel vond, en hoe spijtig ik het vond dat ze haar eigen teennagels levend uittrok gewoon om zichzelf te pijnigen.
Wat ik niet wist, en zij ook niet was dat Ilona langs een andere weg naar het strand was gekomen, zodoende dat we haar niet zagen aankomen, en dat ze plots naast ons stond:
'Oh voetje strelen, hoe romantisch, dat is wat vrienden doen zeker?', riep ze ons kwaad toe.
Ik trok mijn hand even terug,
Christine zweeg,
En daarop antwoordde ik:
'Je moet maar langs de gewone weg komen, dan had ik je kunnen zien aankomen, en trouwens je hebt zelf gezegd dat dit een vriendschappelijke

laatste reis was. Ik slaap niet met Christine zoals je zelf gezegd had te doen, ik streel alleen haar voet!'.
Ilona wandelde van ons weg, en zat zich met Frederique enkele meters verderop.
Ik nam Christine haar voet weer vast, en streelde verder.
Het kon me niet uitmaken of Ilona dit zag of niet, ze had al genoeg duidelijk gemaakt in mijn opzicht dat ze me bij Christine wou, en zelfs nu ging ze verderop zitten zonder nog verder in te gaan waarop ze me had betrapt.
Wanneer ook Christine en ik gingen zwemmen, viel het ons op dat Ilona weer niet het water wou ingaan, dat ze weigerde, eerder koppig was om in hetzelfde water te gaan als dat waar wij inzaten.
De dag nadien, net zoals alle volgende dagen gingen we kleine koffietjes drinken aan de winkel in de camping. Een heel vriendelijke vrouw bracht ons elke ochtend vier koffietjes. Twee voor Christine, twee voor mij.
Nog maar iets dat ik gemeen had met Christine; Het drinken van kleine espresso's, straffe koffie om wakker te worden.
Op zich niets speciaals, maar elke dag ondervond ik dat zij en ik enorm veel gemeen hadden. Niet alleen in praten, interesses, maar ook in doen en laten.
De late namiddag kwam er aan, en het was tijd om naar het strand te gaan. Ik kocht een plastieken opblaasbare boot, en een soort van luchtmatras waar je met twee kon opzitten, gezicht naar

gezicht gericht, de ruggen steunend op een plastic banaan die erop vastgemaakt was.

Net zoals de dagen voorheen besloot Ilona om pas vele later naar het strand te komen, en Frederique zijn middagdutje te laten doen.

Yannick had een windsurf pak gekregen, en een uit *piepschuim* vervaardigd klein surfplankje. Daardoor durfde hij wel de zee in gaan, wat hij voorheen nog niet had gedurfd, tenzij het meer pootje baden was.

Christine en ik namen plaats op de tweepersoons zit matras, en dreven de zee in.

We hebben drie uur gedreven, drie uur gepraat, en Yannick was bij ons.

'Ik wil hier volgend jaar met jou alleen terugkomen Alex', sprak Christine.

Ik vond het zo lief hoe ze dit zei, hoe ze dit meende. Dat was duidelijk hoorbaar aan de wijze waarop ze het had gezegd.

We droomden uren verder, spraken over van alles en nog wat, over hoe we zouden leven, wat we zouden doen, verder gaan in tattoo' s of niet. Over haar vele kampen die ze al had gedaan, over haar werk als lerares, over mijn kinderen, nog kinderen, samen wonen, huwen, scheiden, …

Op een bepaald ogenblik zwom Yannick die enkele meters van ons drijvend vlot was verwijderd naar ons toe:

'Ik zou wel weten wat ik moest doen hoor…', zei hij me

'Hoe bedoel je Yannick?', vroeg ik hem verbaasd.

'Als ik in jou plaats was papa, dan zou ik voor Christine kiezen…', zei hij met volle overtuiging.

Ik was stom verbaasd, dacht aan wat Yannick had gezegd, en aanzag het als een teken dat hij en Christine wel heel goed overeen kwamen.

'Laat me dat maar zelf beslissen jongen', antwoordde ik, keek naar Christine, en vervolgde: 'Die heeft jou wel graag hé'.

Christine lachte even, en liet weten dat het haar enorm goed deed dit te hebben gehoord uit een tienjarige kindermond.

'Dit moment mag uren duren', dacht ik. Gewoon de tijd stil kunnen leggen, dat is wat ik wou dat toen mogelijk was geweest.

Al gauw verscheen Ilona op het strand, en was het tijd om naar het strand toe te drijven.

Eindelijk kwam ze het water in. Christine en Yannick gingen uit het water. Christine stelde voor even op Frederique te kijken, en Ilona besloot dus wel het water in te komen.

Ze zei me dat ze me graag had, dat ze me niet kwijt wou, en dat ze het niet zo had gemeend dat haar vader en Frederique alleen belangrijk waren.

Ik zei haar dat ik het zo raar vond dat ze me steeds pushte in de richting van Christine, en het haar precies niet kon schelen dat ik bij haar zo close was.

Dat maakte haar wel iets uit, zei ze.

We gingen een eindje zwemmen, achter de rotsen waar Christine ons niet kon zien.

Ilona gaf me een kus, en zei:

'Ik hou van je Alex, maar jij beslist wie je wilt, maar kwijt wil ik je niet, je ziet gewoon niet in hoe Christine je van me wil afpakken'.

Ze wees me op de enkele punten; Zatte Christine die alles had onder gekotst, over het feit dat ze niet naar Frederique omkeek, en hoe ze me die harde beslissing in Frankrijk wou doen nemen...

Ik besefte wel dat ik verkeerd bezig was, en blindelings in een liefde aan het geloven was van een vrouw die ik slechts een drietal maanden kende.

'Ik hou ook van je Ilona, maar we hebben zo weinig gemeen, je duwt me echt van je af', sprak ik.

Ilona en ik gaven een kus, en opnieuw kon ik haar liefde voelen, die dan toch niet volledig bleek uitgeblust te zijn.

'Zeg jij haar dat het zo niet verder kan', zei ik tegen haar:

'Zeg jij haar dat dit spel moet stoppen'.

Ilona en ik gingen uit het water, ik was te laf om het zelf te zeggen, en ging ondertussen een koffietje drinken op het terras van een strandcafé, geopend door een Nederlander die ik ook al enkele jaren kende, en me ooit vroeg, jaren voorheen of ik niet in dienst kwam als kok bij hem.

Ik ging aan de achterste tafel zitten, goed ver verscholen, zodat ik het gesprek van Christine met Ilona niet moest volgen.

Ik besefte maar al te goed dat ik een grote lafaard was, dat niet Ilona, maar ik met Christine had moeten praten, en ik had moeten zeggen: 'Dit kan zo niet verder, we zijn verkeerd bezig, Ilona houd wel nog van me,… en ik ook van haar…'.
Maar tientallen minuten later was dat ook gezegd, weliswaar door mijn vrouw.
'Kom nu maar Alex, Christine is al een deel van het strandgerei naar de tent brengen…', zei ze me na dit vrij lange gesprek.
'En wat zei ze?', vroeg ik verbaasd, me ongerust makend over Christine's reactie.
'Dat ze het niet begreep, dat jullie daarstraks nog samen gezellig hadden gepraat over van alles en nog wat'.
'Huilde ze?', vroeg ik hierop.
'Ja, ze is huilend naar de tent gestapt', antwoordde m'n vrouw toen.
'Arme Christine', was het enige wat ik me kon bedenken
'Waarom moet dit toch allemaal net op vakantie gebeuren', vroeg ik me een paar maal af.
Er stond nog heel veel gerei op het strand. Yannick was nergens te bespeuren, en ik dacht dat hij al mee met Christine naar de tent was gegaan.
Daar Christine niet onmiddellijk terug kwam, stelde ik aan Ilona voor om al een gedeelte naar de tent te brengen. Ikzelf kon niets meedragen daar ik toen in de rolstoel zat.
Soms was het gebruik van de rolstoel makkelijker dan mijn prothese.

Ilona ging naar de tent, en kwam vrij snel terug.
'Ze is weer zo hysterisch, maar ging nu de boot bijhalen op het strand', zei m'n vrouw.
'En Yannick?', vroeg ik, me ongerust makend.
'Die was niet aan de tent'
'Waar is Yannick dan, ik wil dat jullie Yannick gaan zoeken!', riep ik het uit.
Ik maakte me echt ongerust over mijn zoon. Ilona zag Christine naar het strand toegaan, en riep haar: 'We moeten eerst Yannick zoeken!'.
Christine reageerde niet, keek wel eventjes in de richting van Ilona, maar wandelde koppig door richting het strand.
Even later kwam ze er weer aan, met de grote opblaasboot slepend over de grond. Het kon haar niets uitmaken dat de boot hierdoor helemaal kapot zou gaan, ook al was het onderstuk reeds kapot doordat ze er met Yannick tegen een rots had mee aangevaren diezelfde dag.
Ik volgde haar, maar was niet zo snel op vier wielen, als zij op haar twee kleine mooie voeten.
Bij de tent smeet ze de boot aan de kant, liet haar vallen, en ging huilend tegen de auto zitten. Eerder hysterisch.
Er vloog een helikopter over de camping. Ik vreesde het ergste, ik dacht meteen aan een *rescue* team dat op zoek was naar Yannick.
Ik vroeg haar: 'Waar is Yannick?'
Christine antwoordde niet.
Ik bleef het opnieuw vragen, ik schreeuwde zelfs: 'Waar is verdomme mijn zoon ?!!!'

Ze gaf geen enkel antwoord, maar bleef ingedoken tegen de auto aan huilen als waanzinnige.
Ik gaf haar een klets op haar kaak.
Ze keek verschrikt op, begreep niet goed wat er was gebeurd.
'Oh Alex, ik dacht dat het papa was', zei ze toen.
'Hoezo?', vroeg ik haar.
'Ik dacht dat papa hier was, dat hij wist waar ik zat, en mij had geslagen'.
'Nee, het was ik en ik heb je niet geslagen, ik heb je wakker gemaakt; Ik wil weten waarom je die domme boot plots zoveel belangrijker vind dan Yannick!'.
'Ik vind die boot niet belangrijker Alex'
'Nee, maar naar Yannick zoeken hoeft niet voor jou!'
Ondertussen kwam Ilona terug bij de tent aan, samen met Yannick.
Er was ineens een pak van m' n hart.
Ilona liet me weten dat Yannick op het strand zat, niet ver van de plaats waar Christine de boot was gaan halen.
'Ik snap niet dat jij Yannick niet hebt gezien, het enige wat je wil is mij vast krijgen, mij hebben, en dan telt Yannick wel voor jou, wil ik je niet, dan tellen mijn kinderen ook niet', riep ik naar Christine toe.
Christine bleef nog een tijdje huilen, maar al gauw hield ze op, vroeg ze of ze naar huis toe moest gaan, en een trein of vliegtuig nemen.

'Nee, dat moet je niet, het moet gewoon ophouden om op vakantie dit gevecht naar mij toe te doen ophouden', was m'n antwoord daarop.

Ik was het even moe, besloot om wat in de tent te gaan liggen, terwijl Christine buiten aan de tafel was gaan zitten.

Plots hoorde ik Yannick iets vragen aan Christine, maar ze reageerde niet.

'Zie je nu wel dat Yannick alleen telt als je mij hebt, en anders niet', riep ik haar vanuit de tent toe.

Ik was boos, en ging slapen.

De ochtend nadien was ik nog even boos, een uurtje heb ik Christine nog met een boze blik bekeken, een uur lang niet met haar gepraat.

'Kan je me nu echt niet als vriend aanzien, en dit *kat en muis* spel op vakantie stoppen ?', was mijn eerste woord dat ik terug tegen haar sprak.

'Ik hou van je Alex, maar ik begrijp dat het niet kan, je kunt ook geen keuzes maken', zei ze me triest.

Dat was waar wat ze zei, ik wist dat ik niet kon of wou kiezen, dat ik in een hevige tweestrijd zat, tussen twee vrouwen die vochten voor me, die me allebei wilde.

Het was laf van me, maar ik kon alleen maar denken dat wachten op het lot de beste beslissing kon zijn.

Ik had zoiets van laat die twee het maar onder elkaar uitvechten, we zien wel waar het eindigt, wie er wint.

We gingen eten, en ook naar het strand, en tot slot gingen we ook naar Italië…
Ondanks het al een vree dure reis was geweest, en ik de mooiste hotels, en vooral de mooiste diners had betaald besloot ik om toch nog eventjes, volgens de planning naar Italië door te rijden.
Daar aangekomen die nacht besefte we dat het een verkeerde keuze was geweest.
Er was niks te zien, toch niet wat wij wilde zien, het was er in ons ogen minder mooi dan het Zuiden van Frankrijk, het regende er, en zodoende besloten we die nacht terug te rijden naar Frankrijk, terug naar de camping.
Toen we daar aankwamen was het al een stuk in de nacht. We waren allemaal heel erg moe.
Om de kinderen een deftige slaap te kunnen geven lieten we hen in de auto slapen, en besliste we om een slaapzak en wat dekentjes te nemen, en buiten op een harde stenen bank wat te rusten in de nachtelijke kou.
Er was één slaapzak te weinig.
Christine kwam naar me toe, en zei:
'Neem jij m' n slaapzak maar Alex, ik kan tegen die kou, ik ben meer gewoon op kampen, dan jullie'.
Opnieuw pakte het me, zag ik terug de lieve vriendelijke Christine van voorheen, kreeg ik het terug moeilijk.
Nadat ik in haar slaapzak op de ijskoude bank was gaan liggen, zag ik hoe Christine zonder enige

bescherming tegen de kou, op een andere harde bank plaatsnam en begon te rillen.

Al bij de eerste rilling stond ik op, ging naar haar toe, en liet haar weten dat zij die slaapzak verdiende, en niet ik. Ze weigerde eerst de slaapzak terug aan te nemen.

Maar al gauw kon ik haar overhalen om er warm in te kruipen. Ik ging naar de auto een pull bijhalen, en wanneer ik weer voorbij de bank ging waarop zij lag, zag ik hoe ze stilletjes huilde.

'Je moet niet huilen Christine, alles komt goed'.

Christine probeerde tussen haar tranen door een glimlach naar me te gooien, maar dat lukte niet zoals ze wou.

Ik ging terug naar mijn bank toe, legde me neer op de koude steen, en rillend viel ik in slaap.

De ochtend nadien konden we weer terug naar de camping, en kregen we een prachtige nieuwe staanplaats aangewezen met zicht op zee, op amper vijftig meter van het strand.

We hadden ons voorgenomen alles nu te laten zoals het was, geen gevecht en gekibbel meer, geen woord meer over liefde.

Dat lukte aardig. Het werd het beste stuk van de vakantie, tot ik op een namiddag tegen de twee vrouwen zei:

'Ik heb te warm, ik ga een koele douche nemen'.

Daar de afstand naar het sanitair nogal ver was gelegen, heb ik het grootste deel van de vakantieperiode op de camping doorgebracht in de rolstoel. De grote afstanden op mijn nieuwe beenprothese was niet te doen.

Daar de camping nogal heuvelachtig was, hielp Christine me vaak met de rolstoel te duwen, waarbij ze ook telkens zei:

'Laat mij dit maar doen Alex, het is goed voor de lijn, en ik hou van je, ik wil dit ook doen voor jou'.

Wanneer we aan de douches waren aangekomen ging ik richting de gehandicapte douchecel.

Christine bleef even buiten wachten, maar al snel hoorde ik in de ruimte naast me ook de douchekraan sproeien.

Wanneer ze gedaan had met de verfrissing, deed ik mijn deur open, en lokte haar met de woorden:

'Je moet is komen kijken hoe groot de douche voor gehandicapten hier wel is'.

Christine kwam binnen, beiden in strand tenue gekleed, maar nat van het water.

Ik sloot de deur, kuste haar en ze weigerde niet;

'Ik hou van je Christine, hoe erg ik het ook vind voor Ilona, hoezeer ik ook mijn gezond verstand zou willen gebruiken, en niet naar mijn hart wil luisteren'.

'Ik hou ook van je Alex, ik heb nooit zo van iemand gehouden als van jou, dat weet je'.

Ja, dat wist ik, dat voelde ik, we hadden een bijzondere aantrekkingskracht naar elkaar toe.

'Ik wil een kindje met je Christine', zei ik haar stil.

'Ik wil dat ook met jou Alex', antwoordde ze me.

We legden ons neer op de grote vloer van de douche cabine, onder het stromende water, en deden wat mensen doen om kinderen te maken...
Eens het was gebeurd nam ik de douchekraan uit de houder, en spoot alles met water uit, opende haar schaamlippen, en hoopte dat er niets zou achterblijven, dat een kind tussen ons kon maken.
Mijn verstand was weer voorop gaan denken, en ik kon dit niet toe laten, het was totaal verkeerd.
'Wat doe je Alex?', vroeg ze me toen.
'Jou wassen...', sprak ik aarzelend, en spoot verder over haar hele lichaam met de douchespuit, zodat ze niet zou vermoeden wat ik wou doen, en had gedaan, een zwangerschap verhinderen.
Nadien aan de tent gekomen zweeg ik als een graf, hield me heel gewoon, en liet Ilona weten dat het goed had gedaan... die verkwikkende douche, zo fris.
We bleven braaf, het geld geraakte op, en buiten Christine een kusje of een knuffel te geven, gebeurde er de laatste vakantie dagen niets meer wat niet mocht gebeuren.
Daar de vakantie, ook al was het niet veel bijzonder geweest me meer dan zesduizend zeshonderd euro had gekost, ik me afvroeg waarom ik de mooiste hotels, de duurste camping, en de duurste etentjes had gegeven, besloten we terug richting huiswaarts te gaan.
Ik kon alleen maar bedenken dat ik dit alles had gedaan om Christine ergens te laten genieten van een heel dure vakantie, daar ze zelf alleen nog

maar kamp vakanties had gekend, en haar toch is iets anders wou tonen dan dat ze gewoon was, ander eten wou laten proeven dan dat de kamp pot voorschotelde.

Met het weinige geld dat we nog over hadden reden we richting huis, een rit die uren zou duren, dertien honderd kilometer voor de boeg.

De rit naar huis gebeurde zonder ruzies; Eten op de autosnelweg, tanken, en proberen wakker te blijven.

Christine en ik bleven de ganse rit wakker, de rit die ik alleen bestuurde. We dronken ieder een twintigtal espresso's, om ten slotte als 'zombie' thuis te komen.

We gingen slapen, iedereen doodmoe, iedereen in z' n eigen bedje. Christine in de logeerkamer, de kinderen ieder op hun eigen kamer, en ik en Ilona samen in ons bed.

Hoofdstuk 4
Afscheid van Christine

Tijdens de vakantie hadden Christine en ik beslist om samen door te gaan met tattoo' s. Zij en ik tatoeëren, en Ilona verkoopster in de winkel.
We zouden een tweede tattoo studio bij huren in een stad kort bij ons dorp, en de huidige winkel zouden we verbouwen, en er een nieuwe studio in op richten.
Eens we uitgerust waren van de vakantie, vooral van de zware trip, besloten we om de winkel eerst aan te pakken, alles te verbouwen, en een decor te maken van een kasteel, een burcht, een slot.
We kochten een deel *ytong* snelbouwblokken, en metste een kasteel binnenin de winkel. Dagen hard werken, dagen zweten en zwoegen.
Op een namiddag waren we zo uitgeput dat het ons niet slecht leek om is wat anders te doen. Iets wat weer niet zou mogen, en niet al te heilig was.
We gingen op de vloer liggen, ik op Christine, en deden 'het' op de witte grond, wit van cement en met Ytong bezaaid.
'Ik ben wel in mijn vruchtbare periode', sprak ze.
'Ik ook', antwoordde ik als grap.
Ik wist wel dat Christine voor mijn neus, de pil had weggegooid in Frankrijk, toen ze me daar zei dat ze voor me zou gaan, dat niets of niemand haar kon stoppen.

Achteraf thuisgekomen heb ik onmiddellijk, en eerlijk gezegd wat er was gebeurd, wat we hadden gedaan.

'Dan moet ze maar de *morningafter* pil nemen', vond Ilona.

Ik bekeek Christine, en deze zei eerst niets, keek weer naar mij, en tenslotte naar Ilona.

'Dat moet ze zelf uitmaken', antwoordde ik, die vond dat Christine zelf moest weten wat ze hierover vond, en de beslissing dan ook volledig bij haar lag.

Ilona besloot om in elk geval naar de apotheek van wacht te gaan, en deze 'moord' pil te gaan halen.

'Wil je ze nemen, je moet niet van mij', zei ik tegen Christine wanneer Ilona was vertrokken.

'Ik wil ze eigenlijk niet nemen', antwoordde ze me.

'Je moet wel weten dat je me altijd zei dat je geen kind wou zonder dat je er een papa bij had, je weet dat je me er niet bij hebt, althans nog niet...'

'Ik weet het Alex'

Even werd het stil. Christine dacht diep na, en ik hoopte ergens dat ze die pil niet zou nemen, en ze wist dat ik van haar hield, maar dat ik gewoon te laf was om knopen door te hakken, te laf om één van de twee vrouwen het verdriet aan te doen mij niet meer te hebben.

De pil, vergezeld door Ilona kwam er aan...

Ilona legde de pil neer voor Christine, en zei:

'Je moet ze niet nemen, je beslist zelf, maar je weet toch waar jullie mee bezig zijn ?'

Ilona liet ons alleen, en Christine nam de pil in.

Gulzig alsof het verslavend was, slok ze de moord pil in, en zorgde ervoor dat er tussen ons geen kind kon komen, indien dat er zou geweest zijn.

Stil ging ze naar haar kamer, en stil bleef ik op mijn kamer, de plaats waar ze de pil had ingenomen.

Ik vulde m' n dagboek in, en ging met droefheid slapen.

De ochtend nadien gingen we verder in de winkel metsen.

'Waarom heb je die pil toch genomen Christine'

'Ik weet het niet Alex, ik vond dat het beste'

'Je weet toch dat ik van je hou'

'Ja, maar je kunt gewoon geen beslissing nemen, je kan de knoop niet doorhakken, en dat zal je nooit kunnen'

Huilend namen we elkaar stevig vast.

Het was te laat om dit ongedaan te maken.

'Ik voel het aan alsof we een moord hebben gedaan, Christine'

Ze zag hoe erg ik hieronder leed. Van bouwen en verbouwen kwam niet veel meer in huis die dag.

We gingen terug naar huis toe.

'Ik hou echt van je Christine' zei ik nogmaals bij onze thuiskomst vierhonderd meter verderop.

We hadden een heel diepgaand gesprek die dag.

Een volwassen gezond gesprek over van alles en nog wat.

Ik liet haar weten dat ik Ilona voor haar verjaardag niets had gekregen van me, en we die dag enorme

ruzie hadden, en hoe ik voor Christine wel een geschenk had gekocht voor haar verjaardag, wel niet de dag zelf, toen hadden we ruzie, maar dagen nadien, een mp3 – cd speler voor haar wagen, ook al was het weken na haar verjaardag, en moest deze nog geïnstalleerd worden, daar er een overgangsstuk voor haar wagen nog niet binnen was.
Toen ik voor Ilona parfum gaan halen was, heb ik haar ook diezelfde parfum doen meebrengen,
'En zeg nu zelf Christine, als ik niet van je hield, zou ik je dat alles dan hebben gegeven? Zou ik je dan mee hebben laten meegenieten van zo een dure vakantie, waar je zelf niets hebt moeten in betalen?. Zou ik dan de ruzies met Ilona hebben willen meemaken, de harde tweestrijd die er tijdens de vakantie was?'
Christine begreep maar al te goed dat ik duidelijk wou maken dat ze misschien wel meer voor me betekende dan mijn eigen vrouw op dat ogenblik.
Ik vond het zo verschrikkelijk om in dergelijke situatie te zitten, om zowel Christine als mijn vrouw met dit ongewenste verdriet te zien.
Ik had dit niet gewild, makkelijk gezegd. Maar toch was ik, en niemand anders de oorzaak van dit gevecht voor één man; Mezelf.
Ik moest toekijken hoe twee vrouwen haast alles voor mij over hadden, om me absoluut te kunnen winnen.
'Weet je Christine, het is niet alleen dat ik te laf ben om een beslissing te nemen, maar ik ken je

nog niet lang, ik ken je amper enkele maanden, en niets zegt me dat je bij me blijft als ik voor je kies,... van Ilona ben ik zeker dat ze bij me zal blijven:...' Die zekerheid had ik toen ook.

Christine begreep me wel, maar vroeg

'Twijfel je dan aan me?, denk je dat ik een spel met je speel?, dat ik je aan het lijntje hou?'

'Neen, dat denk ik niet'

'Ik heb nog nooit zo van iemand gehouden als van jou Alex, en dat zal ik ook nooit nog voor iemand voelen'

Ze gaf me een kusje. Het werd even stil. We keken elkaar aan, en wisten maar al te goed dat onze liefde echt was.

Christine sprak over haar ouders, over haar thuis, dat ze het erg vond dat ze al meer dan een maand niet was thuis geweest, en al meer dan een maand niets had gehoord van haar ouders.

'Zie je nu wat voor ouders ik heb Alex, ze kijken nog niet eens om naar me, ze bellen nog niet eens om te horen hoe het met me gaat, voor hetzelfde geld had ik al weken kunnen dood zijn, zou er iets met me gebeurd zijn, en zouden ze het nu nog niet eens weten, en eigenlijk wil ik niet meer terug naar me thuis gaan'

'Ik weet dat je hier liever bent, dat heb je altijd gezegd, van mij mag je hier blijven hoor'

'Ja?, en wat gaat Ilona daar van denken?'

'Dat moet je niet aantrekken'

Ik vroeg aan Christine waarom ze niet is belde naar haar ouders, naar haar thuis

'Dat doe en durf ik echt niet Alex'
Ik vroeg waarom ze niet naar haar lief Didier belde, waar ze het vlak voor ons vertrek naar frankrijk via een sms berichtje had uitgemaakt, en hem vroeg waarom hij niet eens had geantwoord.
'Dat durf ik niet Alex'
'Je vind het toch erg dat hij niets laat weten, dat hij zich het precies niet aantrekt dat je het hebt uitgemaakt'
Ik kon Christine overhalen hem te bellen, het zou haar helpen in die onzekerheid waar ze onder leed toch te weten te komen hoe hij erover stond, tegenover die breuk na een relatie van meer dan twee jaar.
'Ik bel alleen als je bij me blijft zitten Alex'
Ik bleef kort bij haar zitten.
Didier nam op.
'Waarom antwoord je niet op mijn berichten, en waarom reageerde je niet eens op het feit dat ik het met je uitmaakte?'
Het enige wat ze na het korte telefoongesprek wist te vertellen was dat hij had gezegd zich bij haar beslissing te hebben neer gelegd, heel koel, en dat ze nog zeventien euro moest over storten naar zijn rekening voor één of ander T shirt dat ze eerst had gekregen, maar nu moest terug betalen.
Christine was er van onder de voet, eerst liet ze uitschijnen dat ze beter niet had gebeld, maar al snel liet ze me weten dat ze toch blij was gebeld te hebben.

'Nu weet je hoe hij is, en dat hij je alleen aanzag als goedkope hoer om elke keer bij je bezoek aan hem goed te seksen'

'Ik weet het Alex, ik weet dat ik veel meer van die jongen hield dan hij van mij'

De dag liep verder ten einde, het weekend naderde, een wekend waarop we hadden besloten niet in de winkel verder te gaan werken, en eventjes niet aan tattoo's en werk te denken.

Het weekend stond voor de deur, we keken samen wat televisie, maakte wat muziek, hielden ons bezig met kaarsen maken, en veel praten.

Die zaterdagavond begon de hel. Christine haar vader belde haar op de gsm.

'Je moet onmiddellijk naar huis komen'

'Papa, het is al bijna middernacht'

Maar ook al zou het drie uur 's nachts zijn geweest, naar huis moest ze gaan.

Door het voorval, de onverwachte telefoon van haar vader was ze zo nerveus dat ze gewoon haar autosleutels niet kon vinden. Na een uur belde Ilona naar haar ouders

'Christine vindt haar autosleutels niet, en ze is bang'

'Ze moet naar huis komen, ze moet niet doen alsof ze haar sleutels niet vind'

Er werd verder gezocht, maar de sleutels werden die nacht niet gevonden.

De dag nadien ontdekte Christine dat ze de sleutels in haar eigen auto had vergeten. Hoe ze de deur had gesloten gekregen was wel en raadsel.

Ik schoot iets geld voor om haar lid van een wegenhulp groep te kunnen laten worden, die even later thuis stonden om de autodeur te openen, zodat ze aan haar sleutels kon.

Christine belde naar huis

'Mama, ik heb de sleutels gevonden, welk uur zijn jullie thuis?'

Rond achttien uur zouden haar ouders weer thuis zijn, en zodoende besloot Christine om nog wat thuis te blijven, en later die namiddag naar haar huis in Limburg te vertrekken.

'Ik weet dat je niet meer zal mogen terugkomen Christine'

'Ik beslis dat zelf Alex, en ja ik kom terug'

'Wie zegt me dat je vader je weer niet gaat kloppen?'

Dat kon ze niet ontkennen, ze had duidelijk enorme angst van haar vader om weer geslagen te worden.

'Waarom ga je terug, als je er bang van hebt, en me deze week nog zei dat je niet meer wou teruggaan'

'Mijn vader klonk anders dan anders, ik denk niet dat hij me gaat slagen, er is misschien thuis iets gebeurd'

Van alle emoties en stress, en vooral angst Christine te verliezen die dag vroeg ik aan Ilona me een glas witte wijn uit te schenken, om een

beetje op mijn positieven te komen, om mijn angst wat te kunnen verdringen.
'Ik kom echt terug Alex, ik ga voor jou dat weet je'
Ik trok naar boven, m' n zinnen wat verzetten door me met mijn muziek installatie bezig te houden, eventjes wat anders doen dacht ik. Al gauw kreeg ik van Christine een sms berichtje binnen, ook al zaten we in hetzelfde huis, maar niet in het zelfde vertrek.
'Ik ga straks naar huis, maar ik kom morgen terug, ik laat U *ni* vallen! Ik houd m' n woord! Hou echt van U!'
Even later kwam Christine boven, ik had ondertussen al een halve fles witte wijn binnen. Tegen drinken kon ik niet, ik deed het ook nooit, en was het dus totaal niet gewoon.
'Ben je boos op me Alex?'
'Nee meisje, ik heb alleen bang je te verliezen, bang dat ze je wat gaan aandoen die *gekke* ouders van je, ben je nog niet genoeg geslagen door hem?'
Ik wist dat ik haar zelf ook al is een klets had gegeven in Frankrijk, maar dat het niet was om te slaan, maar uit paniek voor Yannick, en om haar wakker te schudden.
'Die klets had ik verdiend Alex'
'Neen Christine, niemand verdiend slaag, jij ook niet, en je hebt er verdomme al genoeg gehad'
Wanneer ik een ganse fles witte wijn binnen had, Christine op de rand van het bed zat, en ik achter mijn muziek installatie vroeg ik haar plots
'Ik wil het nummer van je vader, van je thuis'

'Waarom?'

'Ik wil met hem praten, gewoon praten'

Dat ik de man in kwestie de huid ging vol schelden wist ik op dat moment wel, maar dat vertelde ik haar niet.

Ze gaf me het gsm nummer van haar vader.

'Bent U de papa van Christine ?' vroeg ik met m' n zatte kwade stem.

'Ja'

'Ik ben haar lief, Alex, en ik wil dat je Christine niet meer slaat'

'Christine slaan, wie zegt dat ik ze sla?'

'Je eigen dochter zegt dat beste vriend, en zorg ervoor dat het niet meer gebeurd, haar hoofd heeft al genoeg littekens, ze is zevenen twintig jaar hoor'

Boos legde ik de telefoon neer.

Christine begon te huilen.

'Wat nou?' vroeg ik met mijn 'zat gezicht'

'Je hoeft niet te huilen, of ben je in je leven nog niet genoeg geslagen en vernederd door hem?'

'Jawel'

'Wel dan, ik wil er gewoon voor zorgen dat het niet meer gebeurd, ik hou van je hoor Christine'

Ik maakte met mijn handen een tekening in de lucht, de vorm van een heel groot hart, ik zei daarbij 'ik', wees naar mezelf 'hou' maakte de luchttekening van dat grote hart, 'van jou' en wees naar Christine.

Dit deed ik enkele malen.

'Ik wil het nummer van je thuis'

'Nee Alex, dat krijg je niet, laat het zo zijn'
Maar dat nummer bemachtigde ik achteraf via de inlichtingen.
'Mag ik dan het nummer van je moeder?'
'Die heeft ook een gsm Alex, maar zet die haast nooit op'
Ik kreeg het nummer na enkele malen aan te dringen, en belde
'Met de mama van Christine?'
'Ja'
'Met Alex, het lief van Uw dochter'
'Wanneer komt Christine naar huis?'
'Straks Mevrouw, maar ik bel U om U te laten weten dat uwe man U weldra niet meer zal slaan'
Christine had wel is laten horen dat ook haar moeder leed onder haar vader, en hij de grote baas was in huis.
'Ik word niet geslagen door mijn man, mijnheer. Wie zegt zoiets? Hebt U iets genomen ?'
Ja, in tussentijd onder halve fles witte wijn, maar dat had ik niet gezegd, moest ook niet, want met iets 'genomen' bedoelde mama of ik drugs had ingenomen.
Ik was niet zoals Christine die me soms is vertelde hoe ze wel is wiet had gerookt, en hoe die bij haar thuis was verborgen. Hoe haar vader dat is had gevonden, en er zich precies niet al te veel van aan had getrokken.
Ik gaf de telefoon aan Christine door
'Mama ik kom straks naar huis'

Ik dronk verder, ik begon me sterk te voelen onder invloed van de alcohol, en hoe sterker ik me voelde, hoe meer ik in staat was me als een 'grote jongen' voor te doen, een 'harde' die in werkelijkheid zonder alcohol maar een klein hartje heeft, die dergelijke telefoons niet zou durven plegen zonder *zattigheid*.
'Ik wil met je ex lief praten, met Didier'
Christine gaf me de nummers, zijn gsm nummer, en zijn huisnummer.
'Met Alex, het nieuwe lief van Christine'
Didier zweeg, maar wist wie ik was, Christine had tijdens haar relatie met hem vaak verteld dat ze ging tatoeëren bij me, en hij dit niet zo leuk vond.
'Ben jij die laffe hond met zijn grote *lul*, die alleen maar denkt aan seks, en hoe je Christine twee en halve jaar hebt doen geloven dat je haar graag zag?'
Ook nu zweeg hij.
'je bent een dikke lul, je moest verlegen zijn Christine zoveel verdriet te hebben aangedaan smeerlap'
Ik legde de telefoon neer, keek naar Christine, knipte een oogje op haar en zei
'Ik hou wel echt van je hoor Christine, weet je dat?'
'Ja Alex, dat weet ik, ik ook van jou'
'je moet niet boos op me zijn, ik wil gewoon dat niemand je nog pijn doet'
Ze begreep me wel, maar dat ik het op een dergelijke grove manier had gedaan was niet echt

rooskleurig, en was ook niet echt mijn bedoeling geweest.

Ik kreeg alle nummers die ik vroeg, van haar zus, van haar broer...

'En toch heb ik bang dat je straks daar niet meer weg mag, dat je geslagen gaat worden'

Ik begon over Ricardo, een vriend van ons die ze éénmaal had gezien, een man die pas een zoontje had gekregen, en die samen woonde met een vrouw met twee kindjes uit een vorig huwelijk, een erotiekhandel uitbaat, en vroeger nog gevechtsporten heeft gedaan, en er les had in gegeven.

Ik stelde voor hem te bellen, en hem te vragen om mee te gaan naar haar ouders, om ervoor te zorgen dat ze haar niets aandeden, dat ze terug kon meekomen, en niet gevangen werd gehouden zoals ik dacht.

Christine vond het een goed idee, ze wist hoe sterk Ricardo was, en ze wist dat het zowat de enige vriend was die ik had die haar kon beschermen.

Ik belde Ricardo, probeerde hem met zo een nuchter mogelijke stem uit te leggen wat er gaande was.

Toevallig was hij die avond vrij, en beloofde af te komen, iets voor achttien uur, om mee naar het ouderlijke huis van Christine te gaan.

Voordat hij er was dronk ik de laatste helft van de fles witte wijn leeg. Twee volle flessen witte wijn zouden er nu wel voor zorgen dat ik sterk genoeg was. Alvast sterk genoeg om te zeggen

'Ik ga ook mee, maar ik blijf in de auto zitten'

Achttien uur naderde snel, Ricardo belde aan, en probeerde me nuchter voor te doen.

Zo nuchter dat hij me zelfs nog liet rijden naar de verre Limburg.

Bij haar thuis aangekomen duurde het een goed uur voor Christine terug buitenkwam.

Als grote minachting, en teken dat ik durf had, ook al was het door de alcohol, bleef ik buiten aan mijn autodeur staan, me wel vasthoudend, zodat ik niet kon omvallen in combinatie van mijn prothese die pas nieuw was, en mijn zattigheid.

Ik schoot met mijn wijsvinger de opgerookte sigaretten weg richting de voortuin van Christine's ouderlijk huis, en hoopte dat haar ouders, zus, of broer konden zien wat ik durfde te doen. Hoe laf ik er stond te wachten, en hoe laf ik deed, en via telefoon had gedaan besefte ik pas nadien.

Wanneer dat uur was verstreken kwam Christine vergezeld van Ricardo in de auto. Ricardo kwam naast me zitten, Christine achter me.

'En rijd hier nu maar zo snel mogelijk weg' sprak Ricardo. Ik deed het, maar kon het niet laten dit toeterend te doen.

'En wat is er gezegd?' vroeg ik hen, vooral kijkend naar Christine in de achter uit kijk spiegel, die er met een bedrukt gezicht bijzat.

Ricardo nam het woord

'Christine heeft een ultimatum gekregen; Ofwel mag ze terug naar huis gaan, maar dan moet ze beloven jou nooit nog te zien, en vooral nooit nog een tattoo naald of machine aan te raken'
'Of?' vroeg ik.
'Of', vervolgde Ricardo 'Ze mag bij jou blijven, maar dan moet ze morgenvroeg om negen uur stipt haar auto terug binnen geven, want die staat op haar vader' s naam, en willen ze nooit nog iets met haar te maken hebben'
Ricardo keek even naar Christine, dan weer naar mij
'In beide gevallen zal ze moeten alleen gaan wonen' voegde Ricardo er nog even aan toe.
Ik vroeg aan Christine wat haar beslissing was.
'Ik hou van je Alex, dat weet je toch'
'Weet je Christine, ik snap niet dat jij je zo laat doen, jaar in jaar uit je op die leeftijd laten manipuleren door je vader, door je ouders. Je ziet nu waar je staat, je betaald hem maandelijks tweehonderd vijftig euro, je hebt een auto die niet van jou is, en je hebt geen werk, want het schooljaar is voorbij'
Christine begreep goed dat ik wou zeggen hoe dom ik het vond, hoe onbegrijpelijk dat ze zich op die leeftijd zo liet doen door ouders.
'en je spaargeld dan waarover je altijd sprak Christine, kan je daar geen nieuw leven mee op starten?'
Ze had me is gezegd dat ze een goede tienduizend euro op een spaarboekje had staan, maar ook

hierop antwoordde ze 'dat staat op mijn vaders naam'

Ze had dus niks, of wat ze had daar kon ze niet aan.

'Een auto die kan je van mij krijgen' zei ik, 'En thuis kan je blijven wonen zolang als je wil'.

Het werd stil in de auto, dat me niet alles was verteld wat er zich op dat uur bezoek bij haar thuis had afgespeeld wist ik ook wel.

Toen we thuis aankwamen gingen Christine, Ricardo en ik in m'n bureau zitten.

'Vertel me nu is alles' zei ik tegen Ricardo.

Deze stelde voor om eerst even met mij alleen te praten, en dan Christine er bij te halen.

Ricardo en ik zaten alleen in het bureau waar de sigaretten rook van mij, en zijn sigaren rook overheersend was.

'Weet je Alex, ik heb daar heel veel gehoord…'

Ricardo begon me te vertellen wat hij me al had gezegd, het ultimatum, de keuzes, dat ze alleen moest gaan wonen.

Maar hij voegde hieraan nog veel toe.

Dat Christine niet zou zijn wie ze zich hier voor had gedaan, dat haar vader haar niet sloeg, dat ze zelfs bij haar thuis bekend had dat hij maar éénmalig haar had aangeraakt, dat ze nooit iets deed thuis, en vrij koppig en asociaal was, dat ze helemaal geen woon geld moest betalen, maar dat dit geld diende voor het onderhoud van haar auto, en de verzekering ervan, dat ze helemaal geen geld had door haar vader geblokkeerd, maar ze er zelf ten aller tijden aankon.

'Dus Alex, nu je dat allemaal weet, wie zegt je dat ze jou wil voor de liefde, of voor je geld?'

Ik had nog steeds mijn eigen mening over Christine, en geloofde Ricardo op geen enkel gebied. Wat me echter wel boos maakte was toen hij zei: 'Wie zegt dat ze echt heeft gebroken met die Didier?'

Dat deed de deur dicht, of beter gezegd de deur open, want ik vroeg Christine er terug bij te halen.

Christine ging tussen ons inzitten en Ricardo begon te praten

'Christine, als je hier zou blijven, en jij en Alex zouden samen gaan, is dat wel iets voor jou, twee kinderen waar je moet voor zorgen, kinderen van Alex, ik denk niet dat je dat aankan na wat ik kon opmaken uit de gesprekken bij je thuis'

Eigenlijk was het niet vragend verteld door Ricardo maar kwam het eerder over als 'Je wilt het maar je kan het niet Christine, daarvoor ben je te stom'

'Ik weet niet' sprak Christine.

Ilona kwam er even bij, toen Christine me duidelijk had gemaakt dat ze terug naar haar thuis beter kon gaan, en Ricardo had gezegd

'Ik zal als je wil nu je vader opbellen dat je naar daar vanavond nog terug gaat'

Zat als ik was, vol woede wat ik te horen had gekregen, vooral de zin 'wie zegt dat ze niet meer bij Didier is' sprak ik tegen Ilona

'En als je wil, mag je nu is goed op haar kloppen voor alles wat dat serpent ons, jou ook heeft aangedaan!'

Ik was woedend op Christine, kon niet verstaan dat ze me die namiddag nog een sms had gestuurd dat ze van me hield, voor mij koos, en me nooit of nooit zou laten vallen, echt voor mij zou gaan.

'Ik wil je nooit nog zien!' riep ik naar Christine toe, en gaf haar een ferme duw, vrij hard dat ze tegen de deur van de badkamer aanviel.

'je bent één grote leugen die hier voor mijn geld, voor ons kapot te maken, en je verkiest mensen die je zogezegd slaan, je maakt me maandenlang een verhaal over die vele slagen en verwondingen van je vader wijs om tenslotte te horen te krijgen van Ricardo dat dit helemaal niet zo het geval was!'

Ricardo liep naar me toe, en zei streng 'Laat ze zijn Alex!'

Wanneer ik richting de gang liep, om naar bed toe te gaan kwam Ricardo met me mee.

'Zo een heks, ongelooflijk wat een wijf' zei ik hem terwijl ik de trappen opging.

'Mij en Ilona maanden kapot maken, om nu te horen dat ze een leugen is, dat ze het niet meende met me, dat ze verdomme nog bij die Didier misschien is?!'

Ik liet me, nog steeds zat en bedronken in bed vallen, nuchter genoeg om te beseffen wat er was gezegd en gebeurd, wat ik nu weer moest meemaken.

Ilona kwam er even bij zitten, vertelde haar alles wat ik van Ricardo te horen had gekregen, en wist me te zeggen
'Alex, ik heb je vaak gewaarschuwd voor die Christine, haar ogen hadden altijd al iets raars, en heb ik je niet verteld hoe vals ze is, hoe ze ons uit elkaar wou rukken?'
'En toch geloof ik Ricardo niet op alle gebied Ilona'
Even later hoorde ik Ricardo weer de trap opkomen, gevolgd door Christine.
'Christine gaat naar huis Alex, ik heb net naar haar vader gebeld'.
Christine stond achter Ricardo in de deuropening, ik zag haar en riep: 'Jij vuile dikke Limburgse trut, hoe durf je me dit aan te doen, jij en je smerige spelletjes! Ik geloofde in je Christine!'
Het laatste wat ze huilend zei was: 'Sorry voor alles Alex, het spijt me echt', en ze verdween.
Ik hoorde Ricardo nog zeggen tegen haar 'En nu hier zo snel mogelijk weg, richting huis!'
Ik hoorde haar auto starten, ik hoorde hem wegrijden.
Ricardo kwam terug naar boven, en liet me weten dat ik stom was om in zo een vrouw te hebben geloofd, en ik moest verlegen voor wat ik Ilona had aangedaan.
'Aangedaan?, ze keek niet eens naar me om, duwde me naar Christine toe!'

'Laat het nu maar rusten Alex, wees blij dat ze weg is, want die had het helemaal niet goed met jou voor'

Ricardo ging de deur uit, Ilona liet hem buiten, en even later stond ze naast me in de kamer.

'En nu bel je haar op, en vraag je waarom ze zo laf heeft gedaan' zei ik tegen m' n vrouw. In tussentijd had ik haar nummer al gevormd, en na enkele malen rinkelen nam ze op. Ilona gaf ze me door.

'Waarom ben je nu zo laf en zo snel vertrokken?'

'Je hebt zelf gezegd dat ik weg moest'

'Dat heb ik niet gezegd, dat heeft Ricardo gezegd, kom maar terug als je toch zoveel vaan me houd, kom dan tenminste met me praten'

'Ik ben al bijna thuis Alex'

'Ja, lafweg naar je thuis, ik had het je toch nog zo gezegd dat je niet meer terug zou komen kreng!'

'Is Ricardo nog daar?'

'nee, die is ook al vertrokken, waarom?'

'Als hij nog daar was, had ik wel teruggekomen om met je te praten'

'Wat maakt dat nu verschil?'

'je hebt me wel erg pijn gedaan in de gang toen ik tegen de badkamer deur aanviel, ik heb bang hoor'

'Pijn gedaan? Wat heb jij ons aangedaan? Hoe heb jij mij maanden doen geloven dat ik voor jou moest kiezen? Dat je er voor zou gaan, en niets je nog kon doen stoppen om mij te hebben?, welkom terug, en je hebt me!'

'Ik kom niet terug, ik sta nu voor mijn huis, mijn vader heeft de deur reeds geopend, ik ga nu naar binnen'
'Smerig vals kreng dat je bent!'
Ik duwde de telefoon af, wou me nog excuseren voor mijn harde woorden, foutief smerig taalgebruik, belde terug, maar haar gsm stond reeds uit.
Huilend van woede viel ik in slaap. Vol onbegrip, niet kunnen gelovend dat Christine echt weg was, misschien nooit meer terugkwam, en ze haar auto en de man die haar sloeg, althans volgens wat ze mij altijd had gezegd, verkoos boven mij.
Ik praatte nog wat met Ilona, liet haar weten dat me alles zo erg speet, hoe erg ik het vond weer alleen te moeten tatoeëren, terwijl Christine het zo goed kon, hoe ik nu alle handelszaken zag in elkaar storten, alle plannen er rond. Dagen had zitten te metsen, geld aan bouwblokken voor niets uitgegeven.
Ontnuchterend viel ik in slaap, de eerste nacht zonder Christine in huis, amper een goede tien dagen na onze terugkomst uit zuid – Frankrijk.
Ik werd die nacht vaak wakker, dacht aan Christine, en dacht aan het feit dat ze wel echt weg was.

Hoofdstuk 5
Een week vol verdriet

Wanneer ik 's morgens wakker werd, en pas na het echte ontwaken besefte dat Christine wel echt weg was kon ik niets anders meer dan huilen, en me vragen stellen waarom dit had moeten gebeuren, waarom ze voor haar thuis had gekozen na me zo te hebben gezegd hoe het daar aan toe ging, dat ze zoveel liever bij mij was, en niet daar. Ik kon er staart nog kop aan krijgen.
Ik stond op, ging naar mijn bureau toe, de plaats waar ik voor de laatste maal bij Christine had samen gezeten.
Honderden vragen flitste door mijn hoofd.
Ik kon maar niet begrijpen waarom het op dergelijke manier was moeten gebeuren, waarom Ricardo er zich zo erg had mee gemoeid, terwijl ik van hem alleen verwachtte mee te gaan naar haar thuis, gewoon en enkel om haar te beschermen tegen eventuele slaag van haar vader.
Hoe meer ik aan de woorden van hem dacht, de woorden die hij me de avond voordien had gezegd, hoe minder ik alles nog geloofde. Ik stak mijn 'geloof' dat ik er eerst misschien wel in had op de gedronken alcohol, en niet op mezelf.
Alles was de fout van Ricardo en de twee flessen wijn.
Het was een verschrikkelijke zondag. Ik probeerde Christine verschillende malen te bellen, maar tevergeefs, haar gsm bleef uitstaan.

Ik durfde zelfs zonder alcohol naar haar thuis te bellen, naar het nummer dat ik de dag voordien via de inlichtingen was te weten gekomen. Ik vormde het nummer nul acht negen... en de vader nam op.
Wanneer hij echter hoorde dat ik het was smeet hij de hoorn neer.
Ik probeerde op z'n gsm, op de moeder haar gsm, maar overal kreeg ik hetzelfde effect, een toegeslagen hoorn.
Ik belde Ricardo, vroeg hem met Christine contact op te nemen, en te vragen of alles wel echt o.k. was, want dat iedereen toesmeet, en Christine haar gsm uitstond.
Daar Ricardo met iets bezig was, en niet onmiddellijk kon bellen beloofde hij me echter die avond te bellen, maar hij belde niet, en liet me de dag nadien weten dat hij geen tijd had gehad, en het in feite was vergeten.
Hij liet me wel weten dat ik die avond naar hem in z'n winkel mocht gaan, en dat hij dan voor mij naar haar zou bellen, terwijl ik er bij zat.
Maar dat was lang wachten, nog een ganse dag, en dat geduld had ik niet.
Ik probeerde een sms te sturen naar Christine, en amper een uur later kreeg ik een antwoord.
'Ik zal altijd van je blijven houden, maar je koos voor Ilona. Ik kan je niet delen met iemand... Ik ben een wrak... Je bent te ver gegaan... Vaarwel!...'
Ik stuurde een antwoord

'je haat me, zeg dan gewoon dat je me altijd hebt gehaat'
Opnieuw kreeg ik een gsm berichtje
'Ik haat U niet, Je hebt je keuze gemaakt: Ilona... Je hebt me gisteren afgewezen! Ik zal van je blijven houden... Zit met financiële problemen. Serieus min saldo...Vaarwel m' n geliefde, ik mag je niet meer zien...'
'Je mag me wel nog zien' stuurde ik terug 'Je hebt zoveel van me gekregen, die cd speler ga je nu ook niet meer laten installeren zeker?'
Het antwoord hierop was
'Die cd gaat in mijn auto. Vaarwel, en het ga je goed. x'
'A.u.b. kom terug Christine' stuurde ik nog gauw 'Zeg alsjeblieft niet vaarwel!'
Er kwam geen antwoord, ik bleef berichtjes sturen
'Waarom antwoord je nu niet meer'
Na enkele minuten kreeg ik een laatste berichtje
'Christine beschikt niet meer over haar gsm. Gelieve haar te laten rusten.'
Dat dit niet van Christine kwam, en haar telefoon was afgenomen was me duidelijk.
Ik was bezorgd, en dacht alsmaar aan de avond toen Ricardo bij haar thuis was binnengeweest, dat Christine wel werd geslagen, maar dat haar er zich misschien wel heel kalm en braaf had gehouden net omdat Ricardo erbij was. Hij zich misschien goed wou voordoen, beter dan dat hij in werkelijkheid was, en nu Christine misschien werd opgesloten, haar auto werd afgenomen, of ze de

sleutels niet kreeg van haar ford, want die moest ze altijd aan hem vragen als ze weg wou gaan, zo had ze me dat vaak verteld.

Daar ik pas 's avonds naar Ricardo kon gaan, en ik eraan dacht hoe lang die uren wachten nog zouden duren, hoe erg ik het me aantrok dat ze weg was, misschien wel omgepraat door Ricardo, niet wetende wat hij misschien wel of niet van me had verteld of wijsgemaakt, besloot ik de politie van haar gemeente te bellen.

Ik legde uit wat er gaande was, hoe ik me ongerust maakte, vertelde de verhalen over dat slaan van haar vader dat ze me steeds vertelde, en vroeg hun beleefd of ze is tot daar wilde gaan om te kijken of alles goed met haar was, dat ze wel echt in orde was, en er niets met haar was gebeurd.

Ik vroeg hun nog om langs te gaan, en niet zo maar te bellen, want dat je via een telefoon niet kan zien of iemand onder dwang of niet handelt.

Amper vijf minuten later belde de desbetreffende politie agent me terug.

Ik wist meteen dat hij niet was langs gegaan, of er niemand op die korte tijd had kunnen langsgaan.

'Alles was goed met haar, liet ze me zelf weten, en de ouders vragen ook hen niet meer te bellen'

Ik dacht meteen aan het feit dat haar vader heel goede connecties had met de politie van die gemeente, dat had ze me ook enkele malen gezegd.

Dat ze niet waren langs gegaan dat wist ik ook, dat kon hun niet uitmaken of er wel of niets met Christine was gebeurd.

Verder mezelf vragen stellend kreeg ik m' n namiddag door. Nadenkend over haar, over haar en mijn fouten, over hoe rot ik Ilona in al die tijd had behandeld. Wat een laffe klootzak ik eigenlijk wel echt was.

De avond brak aan, tijd om naar de seksshop van Ricardo te gaan.

Daar aangekomen zat er bezoek, enkele vrienden van hem, een koppeltje.

Ik hoopte dat deze snel zouden weg gaan zodat Ricardo de telefoon naar Christine kon doen die hij me voorheen had beloofd.

Maar het bezoek bleef, alsof het ook nog was afgesproken dat ze er bij bleven zitten, zo voelde ik het toen aan.

'Zal ik al is bellen?' vroeg Ricardo me.

'Nee' antwoordde ik, denkend aan het feit dat die bezoekers, dat jonge koppel echt niks te maken had met deze zaak, en ik zo wie zo mijn tranen niet zou kunnen bedwingen. Maar al snel veranderde ik van mening

'Doe toch maar', wetende dat ik geen geduld had, en het misschien nog uren kon duren eer dat bezoek weg was.

Ricardo nam de hoorn op, draaide het nummer van Christine' s ouderlijke huis.

De moeder nam op, de luidspreker functie van de telefoon werd aangezet zodat ik kon meeluisteren.

'Met Christine gaat alles goed, maar *diene* Alex blijft haar maar sms' en.'
'Mag ik is met Christine spreken?' vroeg Ricardo die duidelijk een goede vertrouwensband had met de ouders, nu hij daar als tussenpersoon, waarschijnlijk heel vriendelijk, niet zoals ik, als een rotte appel afgeschilderd, was mee binnen geweest.
'Natuurlijk Ricardo!'
Even later kwam Christine aan de telefoon.
'Alles goed met *ons* Christine ?' vroeg Ricardo, alsof hij haar reeds jaren kende.
'Ik ben een wrak Ricardo, maar ik wil je bedanken, … bedanken dat je mij daar bij Alex hebt weggehaald…'
Ik kon mijn ogen niet geloven. De vrouw waar ik zo van hield, ook al was dat misschien niet altijd duidelijk zichtbaar geweest, zei nu tegen een vriend, die ik speciaal had gevraagd om haar te beschermen gewoonweg koel dat ze oh zo blij was van me af te zijn. Dezelfde vrouw als me die ochtend nog zo en lieve sms'jes had gestuurd.
Terwijl Ricardo nog even bij Christine aan de telefoon hing, en ik hoorde dat ze zei: 'Mijn mama wil je ook nog even wat vragen', schreef ik in een notitie blok die op Ricardo zijn bureau lag, niet op de eerste pagina, maar wel enkele paginaatjes verder op, zodat hij het niet onmiddellijk kon zien, maar dat hij zou moeten zoeken, en ik de kan had daar weg te glippen, zonder dat hij me kon daar houden:

'Ik heb er genoeg van, ik rijd me wel ergens tegen'
Ik ging zo snel als ik kon, huilend naar de auto toe, stapte in, reed als gek weg met piepende banden, en zag nog net hoe die vriend van hem die er de ganse tijd had bijgezeten aan de deur stond, te kijken of hij me niet terug kon halen.
Waarschijnlijk had Ricardo hem gezegd me terug te halen, zo snel mogelijk, zodat ik niets dom ging doen, zoals ik had geschreven.
Dat ik niets dom ging doen, of net wel, dat wist ik toen niet goed.
Mijn zus was gestorven door zelfmoord, ophanging; Mijn vader door pillen te nemen toen ik zeven jaar oud was, en zijn vrouw, mijn moeder hem niet meer wou; Mijn nonkel door zijn aders over te snijden en dood te bloeden, nadat hij jaren in Marokko had gewoond, en daar het land definitief was uitgewezen nadat hij drie maanden zijn huurgeld niet had betaald; en mijn andere broer waar ik al jaren niet meer tegen sprak, omdat hij ooit bij mij thuis toen ik op een derde verdiep appartement was komen springen, maar de klap overleefd had, en ik er niet meer tegen wou spreken omdat zogezegd één of andere gekke stem in zijn hoofd had gezegd dat hij toen Yannick, mijn oudste zoon in zijn val had moeten meenemen, die gelukkig lag te slapen.
Misschien was nu mijn tijd gekomen, om dergelijke laffe zelfmoord te doen, ook al had ik altijd mijn eigen idee gehad over zelfmoordenaars, ook al was ik de 'sterke' Alex, die anders dacht, en

er zeker van was dat er voor elk probleem ook een oplossing bestond, en elke oplossing ook beter is dan zelfmoord.

Misschien dat ik het wel kon, en de durf er voor had als ik me ook eerst strontzat dronk, net zoals mijn geliefde zus het destijds had gedaan. Eerst goed drinken, en dan de laffe daad, de dood tegemoet. Lafweg je vrouwen je kinderen achterlaten, en te kiezen voor de korte pijn.

Maar dat was ik niet, ook al reed ik naar een nachtwinkel en nam er enkele halve liters blikjes bier, dronk deze zo snel mogelijk op, ik was wel zat, maar buiten heel snel met de auto rijden, en te hopen, wel met angst in het hart dat ik slipte, dat ik misschien wel tegen een huis of boom belandde, durfde ik niets.

Ik sms' te mijn vrouw. Dat ik er genoeg van had, dat weldra iedereen naar mijn begrafenis kon komen, dat iedereen blij zou zijn van mij af te zijn.

Ik sms' te Ann, en liet haar hetzelfde weten, dat zij en haar man Willy altijd goede vrienden waren geweest, dat ze goed voor Ilona moest zorgen, en ik sms' te mijn ex-vrouw om haar te laten weten dat ik laf was, wel van Yannick hield, en dat ik gewoon niet meer kon. Daar zij en Ilona nooit erg goed overeen kwamen, en de vriendschap tussen die twee in mijn ogen altijd een opgezet spel was, vroeg ik haar niet meer tegen Ilona boos te zijn, niet meer kwaad te worden.

Ik reed nog een grote toer van ongeveer dertig kilometer, kek daarbij niet op voorrang wegen, en hoopte dat er en mega accident zou gebeuren. Maar het was al zo laat, bijna geen enkel vervoer op die boeren wegen in onze streek, en ook al hoopte ik 'zo meteen botst er een auto op me in', wist ik maar al te goed dat er helemaal geen auto zou aankomen.

Ilona probeerde me enkele malen te bellen, maar ik duwde af.

Pas toen Ann me een bericht stuurde met het voorstel met me te komen praten, zij alleen, ergens op een punt dat ik wou, toen pas antwoordde ik:

'O.k., maar je komt alleen, en breng die ene fles wijn mee die ik kocht in Frankrijk, en breng een flessen opener mee'.

'O.k.' kreeg ik als antwoord.

Ann kwam naar de afgesproken plaats, een pleintje niet zo ver van ons huis, en bracht de fles wijn mee, een fles die ik in een grootwarenhuis in Frankrijk had gekocht. Een fles die me onrechtstreeks weer aan Christine en de tijd met haar deed denken.

Ik opende de fles, dronk, en sprak met Ann die me alsmaar probeerde te overtuigen om naar huis toe te gaan, en Christine te vergeten, in te zien hoe vals ze had gedaan, en dat Christine niet diegene was dat ik dacht, niet diegene was zoals ze zich steeds had voorgedaan.

Ann vertelde me over haar pendelkunst. Dat ze enkele weken voorheen reeds wist dat Christine niet bij me zou blijven, dat ze dit wist door te pendelen.

Ann deed goed haar best, en zelfs zij moest huilen bij het feit hoe rot ik me voelde, hoe lafweg achtergelaten ik me wel voelde.

Het lukte haar tenslotte om me weer mee naar huis te krijgen.

Wanneer ik thuis aankwam, en mijn auto parkeerde voor de deur reed ik even later weer weg met het idee

'Nee Alex, ga weg, drink nog wat, en dood jezelf'

Ik reed het blokje rond, en stond een minuutje later weer voor de deur, gaf de strijd met de drank, en de laffe zelfmoord ideeën totaal op. Ik ging binnen, liggend en huilend in de zetel, verhalen over Christine en mij vertellen tegen mijn vrouw die zo gelukkig was dat ik terug thuis was, vooral levend en wel, en tegen Ann die nog uren luisterde, tot het moment was gekomen dat ze me liet weten dat ze naar huismoest toegaan, want dat ze de dag nadien moest gaan werken.

Ik ging naar bed toe, bedankte haar voor de steun, en het luisteren, er voor me te zijn; Excuseerde me tegenover mijn vrouw voor mijn zo stomme gedrag, en viel in slaap.

De ochtend daarna belde ik Ricardo, die eerst niet opnam, maar weldra me aan de telefoon te horen kreeg omdat ik mijn nummer zending had uitgeschakeld, en hij op die manier niet meer het nummer kon zien dat hem opbelde. Eindelijk nam hij op; Luisterde tegen z' n zin in naar mijn woorden

'Als je Christine gewoon belt, dan kan je nooit met zekerheid weten of ze niet beïnvloed wordt door haar ouders die naast haar staan'

Ricardo begreep dat ik wou zeggen dat ik het beter had gevonden dat hij was langs geweest, en het persoonlijk ook had kunnen vragen, terwijl hij dan bij Christine had gestaan. Maar dat kwam er niet van, daar had hij helemaal geen tijd voor, en geen zin in.

'Ik heb hem geholpen door mee naar haar thuis te gaan, ik kan niet elke dag er voor hem zijn, en ik wil geen woord meer horen over dat Christine onderwerp' liet hij via telefoon nog aan Ilona weten.

Ik dacht dat het beter was me er bij neer te leggen, de strijd op te geven. Het moeilijkste voor mij was gewoon al die honderd en één vragen waar ik nog mee zat. Waarom Christine eerst zei door te gaan met alles, en zelfs mee de winkel had helpen verbouwen, uren en dagen gemetst, en nu dat project ook niet meer doorging.

'Wees blij dat ze je nu heeft laten stikken, en niet wanneer jullie twee winkels waren af en open geweest' liet Ann weten die de dag erna samen met de kinderen en Willy op bezoek waren geweest.

Die avond kreeg ik het weer zwaar, ik dronk weer wijn, en luisterde alsmaar naar droevige liefdesliedjes; Geluid op maximum, tranen ook, en dit in mijn bureau.

Ik zoop, en rookte als waanzinnige, en stond plots op toen ik in één of ander liedje het woord 'pijn' had opgevangen.

Mijn zatte hersens konden alleen maar denken aan de pijn die Christine zichzelf soms aandeed, door haar eigen nagels levend uit te trekken.

Misschien was het nu wel is tijd om mezelf pijn te doen.

Ik ging naar de keuken toe, nam de flessen opener uit de kast, en ging terug naar het bureau.

Ik kraste met de wijnfles opener op m'n arm, en zorgde ervoor dat ik bij elke kras die ik maakte ook dacht aan de pijn die ik Christine en Ilona had aangedaan.

Tenslotte was ik ook nog zo zat dat ik ook mijn sigaret op m'n arm legde, en deze zo enkele minuten er gewoon op liet liggen, tot Ilona ze er weer van af nam.

Bezopen ging ik slapen.

De ochtend nadien stuurde ik via e-mail een foto naar Christine van m'n arm met als mededeling 'pijn voor jou', maar die kwam niet aan. Denkelijk waren haar ouders reeds op de computer bezig geweest, en er voor gezorgd dat ze van mijn account uit geen mails meer kon ontvangen.

Tenslotte plaatste ik de foto op een site waar zij, en enkele vrienden van haar kwamen.

Die week heb ik nog op verschillende, soms vrij harde manieren de aandacht willen trekken. De aandacht naar Ilona toe; Ik mis Christine, en het spijt me wat ik jou heb aangedaan, en naar Christine toe; Ik mis je enorm Christine, ik had nooit gedacht dat je die belofte ooit zou verbreken, en me zo lafweg achter ging laten.

Ik kan me ook niet herinneren dat ik ooit in mijn leven, op al die jaren zo verliefd was geweest op een vrouw, als dat ik op Christine was geweest. Zelfs bij Ilona had ik al enkele malen moeten ontkennen toen ze me vroeg of ik vanaf het begin op haar verliefd was. Die liefde tussen Ilona en mij ontstond door vriendschap, door veel voor elkaar te doen, en met de jaren een stevige band te hebben opgebouwd.

Bij Christine was dat anders. De vriendschap was er, de liefde kwam onmiddellijk, maar steeg in een zodanig tempo, dat ik het zelf niet volgen kon, zelf niet wist of ik wel of niet verliefd was op haar. Pas de dag toen ze naar haar kamp was vertrokken, toen pas begon ik me te realiseren hoe erg ik ze miste, en dat dit gemis enkel als liefde kon worden verwoord.

De week verliep vlotter door het gebruik van wijn, door vele huilbuien, en allerhande acties die ik ondernam om Christine terug te krijgen. Ann ging op een avond mee tot bij Christine thuis, wou voor me aanbellen, maar toen we daar aankwamen, enkele malen door de straat zijn gereden, dacht ik van 'laat het maar zo, als ze me echt wil, echt graag zag, dan was ze reeds vanzelf terug gekomen.' Maar dat was niet zo het geval.

Enkele vrienden spraken op haar gsm toestel een bericht in, onder een andere naam, met de hoop dat ze zou terug bellen, anderen vroegen haar aan de telefoon om via een valse naam, zogezegd iemand die informatie over één of ander kamp wou haar vast te krijgen, maar ook dat lukte niet. Toen er een klant had gebeld, die zij had getatoeëerd, en het een tattoo was die zij in principe nog verder moest afwerken, toen liet ik deze bellen naar haar thuis, deelde hem mee dat hij naar Christine moest vragen, maar al even snel belde hij me terug om te laten weten dat daar geen Christine woonde, en ze niemand kende die tattoo' s plaatst, dat het een vergissing was. Dat zij reeds genoeg over hoe ze met hun dochter deden, hoe ze Christine probeerde te beschermen tegen alles en nog wat.

De dag nadien, een donderdag kreeg ik Christine' s zus aan de lijn. Toen ze hoorde hoe ik huilde, liet ze me weten dat ze het heel erg vond wat haar zus ons had aangedaan, dat haar zus heel anders was dan dat ze zich voor had gedaan. Ze begon te huilen, vertelde hoe haar ouders er onder door zaten door Christine' s harde woorden naar ons toe, hoe ze haar vader had zwart gemaakt, hoe haar moeder het niet meer zag zitten. Het was en hard gesprek. Ze liet weten dat ze goed wist dat ik echt van haar zus hield, maar moest proberen om zonder haar verder te gaan.

Proberen. Dat was het woord. Proberen te leven zonder de persoon die zo vaak in ons leven was geweest, de persoon waar ik zo verliefd op was geweest, en nu plots zonder moest.

Die nacht deed ik een blouse aan die ik van Christine had gevonden, ongewassen en vuil als die blouse was kon me niet schelen, ik rook Christine.

Ook vond Ilona in de garage haar kussen vol met cartoon tekeningen dat ze altijd bij haar had in Frankrijk, en nam het om op te slapen. Zo ben ik die avond huilend in slaap gevallen. Ilona vond het misschien een goed idee om Christine op dergelijke manier beter te kunnen verwerken, maar zo erg goed lukte dat niet.

De dag nadien kregen we bezoek van een vriendin die we al enkele maanden niet meer hadden gezien. Brigitte was haar naam. Ze kwam een dagje af, en die dag heeft me echt goed gedaan. Ik was wel stiller dan dat ze me gewoon was, maar haar gepraat, de leuke gezellige praatjes die we hadden, zorgde er voor dat ik die dag niet heb gehuild.

Dat was een vrijdag.

Dat ik zoveel huilde, en zo een verdrietige en vooral pijnlijke periode had te verduren was normaal. Yvonne, een goede vriendin van Ilona zei tegen haar:

'Alex kan er niet aan doen dat hij verliefd werd. Verliefd zijn heb je niet in de hand, en verliefd kan iedereen worden. Hij heeft tijd nodig om dit te verwerken, dat moet je begrijpen...'

Yvonne, niet enkel en alleen een goede vriendin van mijn echtgenote, maar een vrouw die het steeds goed voor had met ons allebei. Ik kan me nu best voorstellen dat het ook voor haar moeilijk moet geweest zijn om tussen ons in te staan; Zowel naar mij toe, als naar Ilona toe.

Die vrijdag avond schreef ik nog in mijn dagboek 'ik lig liever naast Ilona, te treuren om Christine, dan dat ik naast Christine wou moeten liggen, om te treuren om Ilona'.

Ja, dat meende ik wel op dat ogenblik. Dat moment was ik zeker van mijn vrouw, iemand die veel van me kon verdragen, en me nooit zou achter laten, me nooit zou laten stikken. Daarvoor kende ze me te goed, daarvoor hadden we al veel te veel samen meegemaakt.

De zaterdag was aangebroken, en ik probeerde me heel kranig te houden, dat lukte vrij goed, buiten enkele korte huilbuien tussendoor. Telkens wanneer ik het moeilijk had, en vooral aan Christine haar zovele loze beloftes dacht, toen stroomde de tranen uit m' n ogen.

De zondag kwam er aan, en alles verliep goed. In de namiddag werkte ik wat in de tuin, maar plots dacht ik aan die vele momenten die Christine met mij in de tuin had doorgebracht, hoe we daar vaak samen zaten te schilderen, te werken, te tuinieren.

Ik wou terug naar binnen toe, tuinieren ging even niet meer, en ik wou me weer laten gaan. Ik besefte dat hoe erg ik Christine ook uit mijn hoofd probeerde te zetten, dat het me totaal niet lukte.

'Neem een glaasje wijn' sprak Ilona toen ik binnen was gekomen, en me in de zetel had neergelegd.

'Wijn, wijn, altijd maar wijn, wat denk je wel, dat ik alcoholist wil worden of zo?'

Ilona keek in m' n richting, en wist meteen dat ik geen zin had om weer opnieuw in de drank te belanden, om weer zat naar bed toe te moeten gaan.

'Geef me dan maar een ganse fles, dan kan ik je het plezier doen me weer te *bezatten*, dan heb je geen last met mij !' schreeuwde ik het uit.

Ilona bracht me een fles wijn, ik opende ze, en begon er stevig van te drinken.

Wanneer ze half was vroeg ik haar Ricardo te bellen.

'Waarom?'

'Omdat ik het je zeg, omdat ik Christine wil, en niet jou, jij bent hier maar alleen voor mijn geld, om te hebben, en te krijgen, echt houden van me doe je totaal niet, vraag ik je is iets, dan doe je het niet, of vergeet je het, en als ik verdriet heb, pijn van een stomme verliefdheid verwacht je van mij dat ik op enkele uren tijd heel dat voorval met Christine zou kunnen vergeten. Ik wil dat je Ricardo belt, hij is de enige die me Christine kan terug brengen'

Dat was duidelijke taal, zo duidelijk dat Ilona onmiddellijk naar Ricardo belde, en desondanks hij het woord en de naam Christine niet meer wou horen kwam hij een uurtje later af.

'Jij bent de enige die me Christine kan terugbrengen' zei ik bezopen in zijn richting 'Jij hebt ze weg gekregen, jij kan ze terugbrengen'.
Ricardo bekeek me, bekeek mijn open gekraste arm, en wist dat ik goed dronken was.
'Wat wil je nu eigenlijk?' vroeg hij me boos
'Christine of Ilona?'
Ik keek is in de richting van Ilona, lachte even, en zei
'Ik wil Christine, die hield tenminste van me, die zat niet zo achter mijn centen!'
Ik werd boos, winde me enorm op en vroeg hem
'Waarom heb je Christine zo buitengezet?'
'Jij wou dat ze wegging!'
'Neen, dat wou ik niet, jij zei me dat ze niet te betrouwen was, dat ze niet is wie ze was, en dat ik beter af was zonder haar'
Ricardo werd boos, wandelde richting mij, en nog voor hij bij me stond vroeg ik
'Wat denk je wel?, dat ik bang van je heb?'
Hij wist dat iedereen zowat angst van hem had, hoe sterk hij was, wat hij kon op gevechtsgebied kon me door mijn zat zijn niet deren.
Ik pakte hem vast, en zei
'Waarom doe jij zo rot? Is het omdat ik jou winkeltje niet mee heb geverfd? Is het omdat ik je nog geen geschenkje heb gekocht voor de geboorte van je kind?
Wanneer mijn tattoo studio destijds werd geopend had Ricardo komen meehelpen bij de inrichting, de opbouw ervan. Toen zijn zoontje werd geboren

vertikte ik het om een geschenk te kopen, en om hem en z'n vriendin te gaan bezoeken, simpelweg omdat Ricardo en ik al sinds de zomer ervoor niet meer als allerbeste vrienden overeen kwamen.

'Dat heeft er allemaal niets mee te maken' sprak Ricardo.

'Ga dan naar Christine, en breng ze mij godverdomme terug !!!' riep ik terwijl hij me nu ook vast nam.

'Denk je nu echt dat ik van jou bang heb, vriend?' vroeg ik hem, terwijl ik een mes pakte, een vlijmscherp mes, en gewoon een snede in m'n arm maakte.

'Ziezo Ricardo, als je me toch wou pijndoen, ik heb het zelf al gedaan. Ik heb geen bang van jou, geen bang van pijn, de pijn die ik heb voor Christine, is veel erger dan de pijn van die snede!'

'verdomme, zot!' riep Ricardo, nam een handdoek en smeet die op mijn arm.

'Jij verzorgt je arm, en ik ga Christine halen!' vervolgde hij.

Toen hij aan de woonkamer deur stond vroeg hij nog éénmaal

'Wat is het nu, Christine of Ilona?'

'Christine !!!'

Ilona gaf me een kus, en liet Frederique me ook een kus geven. Op dat ogenblik smeet ik het mes op de grond, en zei

'neem het maar me voor ik nog meer doms bij mezelf ga doen!' Ilona nam het mes op, zette het aan de kant, en even later vervolgde ik

'Wat ga je nu doen, naar Christine of naar de flikken alles lekker gaan zeggen hoe verdrietig ik ben?
'Maar neen, we gaan naar Christine, en niet naar de politie' riep Ricardo me toe, die duidelijk nerveus was.
Beiden gingen ze naar buiten, en ik kroop terug achter mijn computer. Luisterend naar muziek, keiluid, en drinkend van nog meer wijn.
De wonde die ik had, spoelde ik uit, droogde ze op, en dat was voor mij meer dan verzorgd genoeg.
Ondertussen was ik echt wel heel zat geworden, dat ik sms'jes naar Ricardo en Ilona stuurde dat mijn belwaarde van de gsm bijna op was, dat deze binnen de minuut moest worden bijgeladen of ik anders het 'kot' in de *fik* zou steken. Dat mij niets nog kon schelen of maken zonder Christine.
Op de chat vertelde ik tegen Brigitte wat er was gebeurd, hoe erg ik Christine miste, en dat Ricardo samen met Ilona naar de Limburg reden omhaar proberen terug te krijgen.
Wanneer de ontnuchtering even later intrad stuurde ik naar Ricardo een sms bericht
'Laat Christine maar daar, breng me a.u.b. Ilona terug, ik hou van Ilona, niet van Christine'
De ganse rotte week die ik al had meegemaakt, alle flessen wijn, dronken toestanden, en de slechte vakantie, het verdriet naar Ilona toe, en alle gekke toestanden die zich hadden voorgedaan waren te wijten aan Christine. Dat was het eerste waar ik

kon opkomen toen ik ontnuchterde, en zag dat de wonde die ik mezelf had gemaakt toch groter leek dan was gedacht. Bloeden deed het niet meer, maar het was toch vrij akelig om te zien hoe erg ik mezelf had toegetakeld. Normaal was ik nooit zo. Dat ik Christine op m'n arm had gegrift, en ook nog het woord *Forever*, en ik hou van jou, dat had ik normaal nooit gedaan, maar het stond er wel.

Het berichtje dat ik naar Ricardo had gestuurd kwam niet aan, althans, er kwam geen ontvangst bevestiging. Ik dacht

'Die twee zullen wel binnen zijn bij de ouders van Christine om te praten, en daarom hun gsm af staan hebben'

Ik dacht er niet verder over na, chatte verder, luisterde verder muziek, dronk icetea in plaats van wijn, en besloot om Christine op te bellen.

'Ik wil Christine spreken'

'Die wil jou niet meer horen Alex' zei de moeder;

'Ik heb het recht om van haar te horen waarom ze zo laf is weg gegaan, geef me haar door of ik kom het persoonlijk vragen, of ik blijf jullie bellen!'

Ik hoorde een *gefiesel* op de achtergrond, en even later kwam de vrouw aan de lijn waar ik zo van had gehouden;

'Jij weet niet wat een week ik heb meegemaakt'

'Ik hield van je Alex, maar je bent te ver gegaan'

'Te ver? , Jij hebt me verteld dat jij werd geslagen door je vader, ik wou je beschermen, en niet verliezen'

'je krijgt twee minuten om tegen me te praten, daarna hang ik op'
'Jij hangt op, of je moet ophangen van pappie en mammie, bedoel je dat?'
Christine zweeg.
Ik vertelde in het kort van m' n arm, van dat ik haar miste, niet zonder haar kon, dat het precies een week geleden was dat ze weg was, dat ik alles had gehoord hoe ze tegen Ricardo had verteld dat ze me niet meer wou zien, en mij enkele uren voorheen had ge sms' te dat ze me wel nog graag zag, dat ze altijd van me bleef houden...
Vijf, vier, drie, twee, één... en Christine verdween. Ze had letterlijk afgeteld, me echt maar twee minuten gegeven. De hoorn lag naast de telefoon. Verschillende malen hoorde ik haar moeder roepen op haar 'Zeg het hem dan toch!'
'Nee!'
De vader maakte zich druk, de moeder, Christine huilde, en ondertussen hoorde ik een stem korter bij de hoorn komen, even denkend dat Christine terug aan de hoor kwam. Ik zei nog
'Hallo? Hallo!'
Maar even later werd de hoorn ingehaakt. Een dode lijn.
Ik maakte me ongerust over Ilona, en over Ricardo, waarom deze nu nog niet terug waren. Waarom Christine me niets had gezegd dat deze daar op bezoek waren, en waarom het al drie uur verder was sinds hun vertrek.

Ik keek mijn e-mail' s na, nog steeds muziek beluisterend, in een nuchterdere toestand dan dat de avond was begonnen. Plots ging de bel, ik dacht dat Ilona en Ricardo terug waren. Wandelde voorzichtig naar de deur toe, en deed ze open.

Hoofdstuk 6
Eén nachtje hel

Voor me stond niet Ilona, niet Ricardo, en nog minder Christine.

Wel stonden er twee mensen uniform. Een kale politieagent; Mannelijk, en een Vrouwelijke politieagente.

'Goedenavond Alex, wij komen is naar uw arm kijken'

'Naar mijn arm?' vroeg ik verbaasd.

'ja, wij hebben een oproep uit Tienen binnen gekregen'

'Uit Tienen?' bleef ik verwonderd domme korte vragen stellen.

'Ja, mogen wij binnenkomen?' vroeg de kale man opnieuw.

'Tuurlijk'

Ik liet hen binnen, en ondanks dat ik niet meer zo zat was probeerde ik me toch zo serieus mogelijk te houden.

Hij vroeg niet wat er was gebeurd, nog minder hoe die snede was gemaakt, zat zich aan de grote tafel in de woonkamer, en vroeg daarop

'We zouden graag hebben dat je meekomt naar het hospitaal om je arm te laten verzorgen'

Ik vertelde dat ik die arm al had verzorgd, de wonde had uitgespoeld, en begreep maar niet hoe hij te horen had gekregen dat ik in een wonde aan mijn arm had.

Ik maakte geen probleem om het feit die arm te laten verzorgen zoals hij vriendelijk vroeg.

Hij belde een honderd, en even later stond de ambulance binnen.

'Daar kunnen we weinig aan doen' liet de ambulancierster weten.

'Toch misschien even best meenemen naar de kliniek' beval de politieagent op een lieve toon.

'Moet je iets meenemen?' vroeg hij in mijn richting.

'Nee hoor' liet ik weten 'Mijn vrouw komt zo meteen thuis, dus…'

Ik liet de lichten aan, had enkel m' n gsm toestel mee, en een pakje sigaretten waar nog vier stuks in zaten.

Wanneer hij de deur opentrok om ons allen buiten te laten, liep ook onze Perzische kat de straat op.

'Oeps, de poes is naar buiten gelopen.' Zei hij.

'Niet erg, mijn vrouw laat die kat straks wel weer binnen'.

Ik volgde hem op straat. Hij reed voorop met de combi, en ik volgde in de ambulance.

De ambulancierster was een vriendelijke vrouw, waar ik me voor schaamde dat ze op een zondag avond voor zo een stommiteit word opgeroepen.

Ze liet me weten dat er vaak dergelijke voorvalletjes zijn, soms nog stommer dan ik deed.

Ik legde haar uit dat ik normaal zoiets nooit zou gedaan hebben, en dat ik het enorm spijtig vond dat ik dit had gedaan, gewoon door mijn zattigheid.

Ik liet haar weten dat ik nooit dronk, maar sinds de vakantie reeds veel wijn had verorberd, en met een probleempje zat.

In het hospitaal aangekomen ging ik met de politieagenten mee binnen via de spoed afdeling.

Daar kwam een eveneens vriendelijk team naar me toe. Waarschijnlijk pas afgestudeerde doktors die de nacht moesten doen, en al meteen van me te weten kwamen dat ik het had uitgespoeld die wonde, en via mijn tatoeage zaak heel veel te maken had met de medische wereld.

'Hoe lang geleden is die wonde gemaakt?' vroeg een verpleger.

Heel eventjes dacht ik na wat ik zou antwoorden.

Zou ik de waarheid zeggen, en mededelen dat de wonde een viertal uren oud was, en het risico lopen dat ze het vrij recent vonden, en me daar hielden; Had ik misschien bang om 'opgesloten' te worden, of er slecht onder uit te komen door dit zo te bedenken, of zou ik zeggen

'Die wonde? , oh die is al van deze namiddag hoor:' Zodat men zou denken: 'Wat zit die hier nu pas?, stuur die toch gewoon naar huis'

Ik besloot te liegen, en antwoordde

'Die wonde is al van deze namiddag hoor, en heeft bijna niet gebloed, heb ze zelfs verzorgd, en ontsmet'

De verpleger ging even buiten, en liet me weten dat de dokter er zo meteen terug aankwam.

'Mag ik naar huis nadat dit verzorgd is?' vroeg ik aan de vriendelijke politieagent zonder haar op z'n hoofd.
'ja Alex, dat beloof ik je, dit laten verzorgen, en dan mag je naar huis'.
Hij wandelde even weg, en de vrouwelijke politieagente bleef bij me staan, toen ook de dokter terug binnen kwam.
'Het is zo' vertelde hij 'Dat een wonde die al meer dan zes uur open ligt, niet kan genaaid worden...'
Wat was ik dom geweest te gaan liegen, en nu te weten moeten komen dat het niet meer kon genaaid worden, en die wonde, een snede van vijftien bij één centimeter vanzelf moest toegroeien.
'Maar zo erg is ze niet' liet hij weten toen de verpleger het verzorgde 'Je gaat het alleen wel blijven zien, maar zoiets kan je achteraf nog via plastische chirurgie laten bijwerken'
Daar zat ik dan met mijn arm verzorgd, in een wit verband, een wonde die helemaal niet zeer deed;
Opnieuw kwam de haarloze politieagent er weer bij. Toen zei de dokter kijkend in zijn richting
'het is beter dat je een nachtje blijft'
'Waarom?' vroeg ik verschrikt
Daarop nam de politieagent weer het woord
'Gewoon ontnuchteren, morgen een gesprek met de dokter, en dan mag je echt naar huis'
'Oh ja?' vroeg ik teleurgesteld 'Of bedoel je dat ik in een gekkenhuis mag gaan of zo?'

'Maar neen Alex, wie zegt nu zoiets, als jij hier braaf een nachtje blijft, dan beloof ik je dat je morgen naar huis mag'
O.k., ik nam de man in vertrouwen, volgde een verpleegster naar één van de vele afdelingen in het hospitaal.
Op een dubbele deur die ze open deed stond
'Psychiatrische afdeling'
Ik vond het erg hier te moeten binnen gaan, ik wist dat ik niet opgesloten zat, dat er me gewoon vriendelijk was gevraagd om gewoon een nachtje te blijven.
Toch voelde ik me onrustig, het woord psychiatrie was geen goed voorteken, en nog minder dat ik een nachtje moest blijven op een afdeling waar ik de ochtend nadien met een dokter had moeten spreken, geen gewone dokter, maar wel een psychiater...
Een kleine verpleegster met een scherpe stem en donker haar kwam uit haar bureautje geflitst. Het was de nacht verpleegkundige van dienst.
'Ik toon je Uw kamer' sprak ze in het streek dialect.
'Mag ik a.u.b. een sigaretje roken?' vroeg ik beleefd.
'Nu niet mijnheer, ga maar eerst naar de kamer, en misschien mag je straks dan roken, probeer eerst wat nuchter te worden'
Ze was koel, en het was duidelijk aan haar te merken dat ze gans de psychiatrische afdeling aanzag als haar eigendom, en zei de grote leidster

was, heel alleen, geen andere verpleegsters die over haar doen en laten konden beslissen of commanderen, enkel een ijzeren helm en een zwaard ontbrak haar nog om haar tot de volksheldin *'dulle Griet'* te bombarderen.

In de kamer lag een andere man van een vijftig tal jaar oud. Zijn naam is me ontsnapt. Hij zat er al enkele weken, vertelde me niet waarom, maar wist me wel te zeggen welke dokter ik zou zien die ochtend erna, hij wist dat de nachtverpleegster geen makkelijk 'mens' was, en je beter aanhaar wensen en dromen kon voldoen.

Plots kwam: 'Dulle Griet' weer binnen, en vroeg ons om stil te zijn. Het was ondertussen reeds na twaalven, en er sliepen ook nog mensen op de afdeling.

Met angst in m' n hart zei ik heel beleefd
'mijn excuses…'

Ik vroeg daarop of ik een glaasje water kon krijgen, want ik had een verschrikkelijk droge keel.

Wanneer ze terug kwam met het glaasje water liet ze me weten dat als ik absoluut wou roken dit kon doen rond één uur, en ik dan maar tot bij haar moest gaan.

'Je ruikt naar drank, probeer eerst wat te ontnuchteren'

Ze ging weg, de kamerdeur bleef open staan.

Ik lag in het bed, het kortste bij de deur. De andere man lag vlak bij het venster, en tussen ons was een gordijn. Maar dat gordijn hield onze gesprekken niet tegen.

We besloten heel zachtjes verder te praten.
'Morgen ben je hier weg' liet hij me weten
'Daar ben ik zeker van'
Ik was echter niet zozeer van het gebeuren. Dat ik in m' n arm had gesneden, en op een psychiatrische afdeling was beland, was alvast geen goed teken.
De man liet me weten dat het niet zo slecht was op de afdeling, dat de dagverpleging veel vriendelijker was, dat de sfeer er vrij goed was...
Dat kon allemaal wel zijn, maar ik kon wel allen maar aan één ding denken, dat ik een gezin en kinderen had, dat er van mij andere dingen werden verwacht dan daar, in een kliniek maar te zitten, te *niksen.*
Ik dronk m' n water, en probeerde Ilona te sms' en, maar nog steeds stond haar gsm op. Mijn belkrediet geraakte op, en ik stuurde haar een noodbericht, een instelling bij het mobiele netwerk, een soort van code die je kunt sturen wanneer je belkrediet op is die dan een bericht verzend
Bel me a.u.b. op ... mijn bel krediet is op'
Ik stuurde dit naar mijn ex-vrouw, naar Ann, naar mijnex-vrouw haar echtgenoot, maar niemand reageerde, iedereen sliep, of zat met een gsm die uit stond.
Het was haast één uur geworden. Ik stond op, en ging naar de zwartharige koele verpleegster.
'Excuseer Mevrouw, mag ik nu gaan roken?'
'Je mag tien minuten gaan roken' zei ze kort.

Ze wees me de rookkamer, en liet me alleen zitten in een klein vertrekje. Vergeelde muren vol van de nicotine, en in het midden een klein houten tafeltje met daarop wat oude misbruikte tijdschriften, stukken kapot of eruit, was alles wat er stond.

Ik zat alleen, nam een sigaret, rookte ze op. Enkele minuten later stak ik een tweede sigaret op. De deur ging open

'Ik had gezegd één sigaret' riep de verpleegster heel boos 'Doe deze maar uit'

'Sorry mevrouw, ik wil niet vervelend doen, maar U had gezegd tien minuten, en ik zit hier hoogstens vier of vijf minuten'

Ik doofde mijn sigaret, stond op, nam mijn gsm mee richting de kamer.

Ik draaide me naar de verpleegster toe, net voor ik de kamer wou binnengaan en begon tegen haar te praten

'Excuseer Mevrouw, maar U doet zo kort, ik ben hier ook maar voor één nacht, en ik wou gewoon een sigaret roken'

'Dat heeft U gedaan mijnheer, één sigaret, en daar blijft het bij mijnheer'

'Als U me zo een vervelend mens vindt mevrouw, ben dan maar de politie terug op, dan hebt u alvast één patiënt minder, en alvast geen gezaag meer om sigaretten'

Dat had ik beter niet gezegd.

'Dulle Griet' liep naar haar bureau, belde wie dan ook op, en even later kwamen vijf politieagenten aangelopen. Ze waren er zo snel dat ik haast dacht dat ze reeds daar waren, voordat er gebeld was om me te komen halen.

'Wat denkt *gij* wel ?' vroeg de dikste flik.

'Ik zal U is een plezier doen !' riep hij me

'Hoezo?' vroeg ik beleefd, terwijl ik wel van angst mezelf tegen de muur vastgedrukt hield.

'Ik zet U in de psychiatrische afdeling van Vorst, en wees er maar heel zeker van dat je daar niet meer uitkomt'

Ik ging meerichting de combi. Ik vroeg aan én van de ruwe agenten of ze mij eventjes konden helpen, want mijn prothese deed zeer, maar of ik pijn had of niet, haast niet kon wandelen, en ze het zagen hoe traag ik ging kon het hen niets uitmaken, kreeg ik ook geen hulp.

'Sneller!' riep één van hen alsof ik een nazi commandant van het *dritte reich* me hoorde toeschreeuwen.

In de combi ingestapt, gezeten naast de dikke onvriendelijke agent, een body building fitness type, riep een smalle agent die vooraan zat 'stuk uitschot, smeerlap'

Ik had enorme bang, dacht dat we richting Vorst, Brussel zouden rijden, maar even later werd ik binnengebracht in het lokale politiebureau.

'Uitstappen!'

Opnieuw dat geroep, de houding die duidelijk maakt van 'ik kan alles, ik ben alles, want ik draag een uniform'

Ik begon te huilen.

'*Ge* moet niet huilen klein kind dat *ge zijt*, denk na voor ge iets doet !' hoorde ik g achter me roepen toen ik de lange fel verlichte gang doorstrompelde.
Op het einde van de gang moest ik even gaan zitten.
Ik dacht dat men de gevangenis van Vorst ging telefoneren, om afspraken te maken over mijn komst.
Enkele minuten later kwam er een andere agent naar me toe.
'Meekomen!'
Ik volgde hem de gang op naar rechts, de eerste deur rechts.
Daar waren de kleedkamers van de agenten, maar ook binnenin aan de rechterkant een grote stalen deur.
Deze ging open. Gekeken wat er zich achter die deur bevond had ik niet, daar was geen tijd voor, want al snel werd me bevolen mijn veters uit mijn schoenen te doen, en alles af te geven wat ik bij me had.
Deze woorden had ik reeds eerder op televisie gehoord, in één of andere politiereeks met misdadigers en moordenaars… Ik kon gewoon ruiken wat me te wachten stond. Wanneer ik de veters uit mijn schoenen had gedaan, mijn twee laatste sigaretten met aansteker had aangegeven, en mijn gsm toestel werd ik hardhandig door de deur geduwd, en kwam op mijn beide knieën op de harde grond terecht.

De deur werd achter me toegegooid, hard gesmeten, en hoorde enkele grendels toegaan.
Ik zat opgesloten, in een cel. Vreselijk donker, enkel verlicht door een lamp die de wattage van een diode geeft, een camera achter glas. Een gemetst verhoog waar een matras oplag overspannen met een soort van witte stevige koude plastic hoes. Links ernaast een toilet, uit aluminium, geen water om door te trekken, wel een stinkende put, ook geen wc papier.
Ik keek rond, huilde en huilde, geknield voor het wat ik bed noem, en mezelf luidop afvragend 'Wat heb ik toch misdaan om hier te belanden?'
Ik had zeker de ganse nacht blijven huilen wanneer één van de koele staat boys niet komen schreeuwen was
'Hou daar mee op!'
Huilen mocht niet, me verdrietig voelen mocht niet, roken mocht niet, dat had ik gevraagd, en wat ook niet onmiddellijk mocht was een glas water krijgen. Ik vroeg het maar moest er wel twee uur op wachten. Al die tijd was ik op de grond blijven zitten, huilde ik zacht, zodanig dat de ruwe mannen mij niet konden horen, vroeg ik me af waar Ilona was, wat zij wel niet zou denken van haar echtgenoot die hier in die koele driehoekige cel zat opgesloten.
Ik kreeg m'n glas water, dronk het leeg, en kon alleen maar denken aan de ochtend die weldra komen zou. Een ochtend waar ik zeker van was dat ik naar huis mocht gaan. Dat ze me dit

allemaal aandeden gewoon om me een lesje te leren. Wie me daar ook had gezet, wie me zo laag had gekregen wist ik totaal niet.

Ik klom op het harde bed. Had enkel een T-shirt aan, en probeerde wat te slapen, om zodanig te ontsnappen aan de zin in nicotine.

Ik sliep, maar werd al gauw wakker door de kou. Probeerde opnieuw te slapen, en zo alsmaar door slapen en wakker gemaakt worden door de koude, en tenslotte echt wakker te worden rond acht uur 's morgens.

Gewekt door de ochtendploeg die zich omklad en sterke verhalen aan elkaar vertelde over welke misdadige breinen ze die week reeds hadden gevat. Ik hoorde één van hen even later de deur van een cel verderop openen, en hoorde tegen die man die een oudere stem had zeggen dat hij naar de psychiatrie moest.

'Dat maakte me bang' Alleen al maar hoe politieagenten 'genieten' van hun status als uniformdrager.

De tijd dat politieagenten nog politie worden genoemd, en vriendelijk op straat worden aangesproken met 'agent' was reeds lang voorbij. Mijn grootmoeder vertelde me destijds dat deze mensen zeer hoffelijk waren, en op elke hoek van de straat waar je ze tegen kwam heel vriendelijk waren. Die tijd, dat was een lang vervlogen tijd.

Ik riep op de agent of hij me kon zeggen welk uur het was

'Bijna acht uur' riep hij, 'Slaap nog maar wat'

Alsof ik dat kon, alsof ik me gezellig kon nestelen op de harde koele matras waar misschien welgrote misdadigers hadden opgelegen.
Even later ging de deur open.
Een vriendelijke politieagent van de ochtendploeg, een oudere man, ééntje die waarschijnlijk nog de tijd van de beleefde agenten had meegemaakt, liet me weten dat weldra de politie van mijn gemeente me zou komen ophalen.
Ik werd opgelucht. Ophalen betekende voor mij dat ik naar huis toe mocht, zeker omdat men mij ook vertelde dat het agenten van mijn boeren gemeente waren. Dus niemand van Vorst, en ook geen psychiatrie zoals ze tegen de man in de andere cel hadden gezegd die al was weggebracht in tussentijd.
Om half tien ging de deur van mijn cel open.
'De politie van Uw gemeente is er' liet de agent me weten die een goed uur ervoor was komen zeggen dat deze me kwamen halen.
Ik kreeg mijn veters terug, stak ze gauw in het bovenstuk van mijn schoenen, en volgde hem.
Tot mijn grote teleurstelling zag ik dezelfde kale agent die me de avond ervoor zo mooi had beloofd dat ik naar huis mocht terug gaan, en een collega van hem, een smalle met een brilletje, en vrij blond haar.
'Gaat U zitten!' liet deze met een koele stem, en een strenge blik weten.

'Ik weet niet of ze het U reeds hebben medegedeeld' vervolgde hij 'Maar U bent gearresteerd'

'Gearresteerd?! , Waarom?' vroeg ik met angstige stem.

'Dat gaan we U zo meteen uitleggen' liet de man weten.

Ik ging erbij zitten, en op het ogenblik dat mijn billen de harde houten stoel raakte sprak de blonde politieagent verder

'Ik ben harder dan mijn collega, ik zou dus graag medewerking hebben, en dat U mij het ganse verhaal verteld zonder leugens'

Ik keek naar de kale politieagent die nog steeds vriendelijk, of tenminste vriendelijker leek dan zijn collega, en vroeg hem heel kalm en met bevreesde stem hoe het kwam dat de politie van mijn gemeente niet was gekomen zoals ze me die ochtend hadden beloofd.

'We zijn van een gemeente verderop, maar Uw gemeente, en onze gemeente is onlangs samen gegaan'

'Goed....' onderbrak de blonde flik, die me streng aRitaek, en het woord wou nemen.

'U bent dus gearresteerd op bedreiging van moord...'

'Moord ???' vroeg ik met verwonderde stem.

'Ja' liet hij weten ' U hebt toch een mes naar Uw vrouw en kind gisteren avond gesmeten, of niet soms?'

'Ik heb een mes op de grond gesmeten, niet naar hen!' antwoordde ik.

'Goed, we zullen het er zo meteen nog over hebben' sprak hij nu, maar wel op een iets vriendelijkere toon.

'We hebben U ontbijt meegebracht' liet de andere weten.

'Dank U mijnheer, maar ik eet nooit 's morgens' liet ik weten.

Hij smeet de enkele boterhammen, met wie zal ooit weten wat er tussen zat, in zilverpapier verpakt voor m' n neus op de grote bureau.

'Je ziet maar' liet hij me weten.

Toen ik duidelijk maakte dat ik echt 's morgens niet at, en alleen liters koffie dronk, en kilo's sigaretten rookte als ontbijt gaf hij me een tas koffie, maar één sigaretje roken, daar kreeg ik geen toestemming voor.

'Hoe beter je meewerkt met dit verhoor, hoe sneller je mag roken' sprak de blonde magere politieman.

Ik kreeg mijn gsm toestel en mijn sigaretten ook terug. Ik moest een formulier ondertekenen voor ontvangst.

Even later kreeg ik dan toch toestemming voor een sigaret te roken. Mijn voorlaatste sigaret, geen euro op zak om er nieuwe te kopen, en nog minder de vrijheid om een nieuw pakje te gaan bijhalen.

'Waarom mag ik eigenlijk niet naar huis, en hoe komt het dat ik plots gearresteerd ben, terwijl ik

gisteren avond gewoon vriendelijk mee moest gaan naar de kliniek,' vroeg ik met verbaasde stem.
De *kaalkop* die eerst zo een vriendelijke agent was veranderde nu in het monster van het politiecorps.
'Dat ga ik jou nu is uitleggen beste Alex'
Hij keek met een grijns naar me en vervolgde z'n geleerde zin
'Omdat jij absoluut niet in het hospitaal kon blijven, en ik daardoor tot half drie vannacht heb moeten werken, heb ik jou nu liggen…'
Aan de manier waarop hij het zei wist ik al meteen hoe het zat. Zeker toen hij het woord 'parket' had uitgesproken, en me hierop zei
'Jij hebt jou zin gehad, nu is het mijn beurt…'
'Oh gaat U mij dan toch naar het gekkenhuis sturen,' vroeg ik hem op een kordate manier
'Nee Alex, dat heb ik niet gezegd, maar het komt er op neer dat je ofwel naar de gevangenis zal moeten, ofwel naar een psychiatrische instelling, maar zeker geen gekkenhuis!'
Hoe lief vond ik hem toen, me zo vernederend deze aaneen gelijmde haatvolle woorden op me laten af komen, verplicht, want veel kon je toch niet doen of ondernemen.
'Maar naar huis dus niet?' aarzelde ik even, maar vroeg het toch.
'Dat kan ook nog' zei hij, maar in feite beslist de gerechtelijke arts.
Er was reeds een bezoek geregeld die ochtend, en de gerechtelijke arts was reeds op weg naar het politiekantoor. Toestemming voor een tweede, en

mijn laatste sigaret nog aanwezig in het pakje, kreeg ik niet

'Ik rook niet' sprak de kaalkop 'Dus moet je niet van me verwachten dat ik mijn gezonde longen hier laat verpesten door jou sigaretten!'

Wel kreeg ik toestemming om uit te leggen hoe mijn modern gsm toestel werkte, waarmee je niet alleen op Internet kon gaan, foto's mee kon maken, maar ook korte filmpjes en gesprekken kon opnemen.

En nog als entertainment, naar hun toe, om de tijd wat te doden dat we met z' n allen op de grote gerechtsdokter moesten wachten mocht ik ook nog uitleggen hoe zo een been prothese werkte, hoe je die aandoet, en weer los doet.

Ook werd er een verhoor van me afgenomen, en ik vertelde gewoon wat er was gebeurd, beginnende met Christine, eindigend met de avond ervoor.

'Wat zegt Ilona hiervan ?, weet ze hiervan ?' vroeg ik aan de politieagenten.

'Ja' liet *Kaalmans* me weten, 'ze heeft ook het ouderlijke huis verlaten'…

Ilona weg? Dat kon ik moeilijk geloven.

Echt tijd om daarover na te denken was er niet, want al snel kwam de gerechtsdokter binnen, een kalme man die vooral zijn instinct volgde, en niet honderd procent luisterde naar wat ik hem te vertellen had.

Ik vertelde hem over mijn gezin, m' n werk, wat er was gebeurd, en hoe lafweg ik daar was beland, hoe ruw de twee *schatjes* van politieagenten me erin hadden geluisd, en hoe ik voor die keuze stond. Mijn gezin verliezen, of terug braaf naar huis mogen gaan.

Ik maakte duidelijk dat ik het type niet ben dat zelfmoord zou doen, toch niet echt als puntje bij paaltje zou komen, en liet hem eveneens weten dat ik ook wel wist dat die brede snede in m' n arm het stomste was wat ik had kunnen doen, en eerder een aandachttrekkerij was geweest, onder invloed van alcohol.

Na een twintig tal minuten durend gesprek, en duidelijk aan zijn gezicht te zien dat hij er echt genoeg van had naar me verder te luisteren liet hij me weten dat ik even buiten mocht.

Buiten was alvast niet zomaar in de vrijheid van de nabijgelegen straten, maar wel terug naar die akelige kleine cel, stinkend naar *stront* van wie weet hoeveel dagen ervoor die pot was vol gepoept.

Huilen was het eerste wat ik begon te doen. Huilend uit angst dat ik er misschien weer een hele dag moest inzitten, in die vreselijk donkere kamer waar je haast kon zien of je veters wel of niet in je schoenen staken.

Maar tien minuutjes later ging de celdeur voor goed open.

Ik werd terug naar het bureau geroepen waar ik eerder had gezeten. Toen de kaalkop ook terug aanwezig was liet deze me weten dat de beslissing was gevallen.

'Ik heb goed nieuws voor U' zei hij me met een brede *smile*.

Aan de glimlach alleen al kon ik opmaken dat ik niet naar huis mocht, dat hij me goed liggen had...

'Nee, naar huis mag U niet...'

Hij zweeg, en wist precies dat ik het woord ging overnemen, dat ik verder ging gissen wat er me te wachten stond

'naar de gevangenis dan?'

'nee Alex, ook niet naar de gevangenis...'

'Dan naar het gekkenhuis hier in de stad ?', vroeg ik, wetende dat dit de laatste mogelijkheid was.

'nee ook niet....' Hield hij nog eventjes zijn woorden in, tot de verrassing werd verteld

'Maar wel... naar een psychiatrische instelling tegen Leuven'

Oh, dat was echt fantastisch nieuws!

Ik mocht niet naar huis, niet naar de gevangenis, en ik moest gewoonweg eventjes naar een psychiatrische instelling...

'Wat is eventjes? Ook een nacht zoals U me gisteren beloofde' vroeg ik op veel hardere toon, wetende dat ik nu toch niks meer te verliezen had.

'U bent gecolloceerd Alex, maar dat is maar voor twee of drie dagen hoor'

Zelf wist ik ook wel iets van de wetgeving, en wist goed genoeg dat het hier om minstens vijf dagen ging, dan een rechtzaak, en dan waarschijnlijk veertig dagen extra die op zich weer konden worden verlengd.

Daar zat ik, wetende dat mijn vrijheid me totaal was ontnomen, ik geen rechten had, nog minder kon ontsnappen, en ook al zou ik het doen, nog zwaarder zou zijn gestraft, en het toch onmogelijk was om op een kunstbeen zo maar rond te lopen, weg te lopen.

Kaalmans vroeg me hem en zijn collega te volgen naar de combi, maar eerst werd m' n gsm toestel terug in beslag genomen, zodat ze m' n laatst verstuurde en ontvangen sms berichtjes konden onderzoeken.

Ik volgde, stapte in, en zijn collega die eerst zich zo vreselijk had voorgedaan, gezegd dat hij een grotere boeman was dan zijn kale collega was nu de vriendelijkheid *zelve*. Een los man, vriendelijk, af en toe een grapje op de lange rit die ons in de hete zon zonder ventilatie in de rammelkar, en zonder … sigaretten te wachten stond.

Bij het binnenrijden van een reuzen groot domein keek de haarloze politieagent door de ruit van de combi naast me zittend.

'Alex, kijk is hoe mooi hier, dit is toch zo erg niet, ik wou dat ik hier met vakantie kon komen!'

Deze ene vernedering kon er nu ook nog wel bij. Ik glimlachte in zijn richting, zodanig dat ik wou laten blijken dat het me niets kon schelen, en ik zijn belediging niet als een frustratie, maar als grap had opgenomen.

Ze wisten onmiddellijk waar me te brengen. De combi werd stilgelegd voor een glazen deur van één van de vele psychiatrische afdelingen. Even later ging de deur open, en kwam de magere agent met blond kortgeknipt haar ons bijhalen. De tijd om mijn vrijheid op te geven was nu aangebroken.

Hoofdstuk 7
Collocatie

De deur van de gesloten afdeling ging open, de politie bracht me binnen, en twee verplegers lieten me volgen naar een grote moderne vergaderzaal.
Ik mocht gaan zitten, en de hoofdverpleger, een dikke vriendelijke man die Dirk noemde liet me weten dat hij in een vergadering zat, dat ik mocht rondlopen op de afdeling, dat er een buiten terras aan was, en dat je daar mocht roken.
'Prima' dacht ik 'roken, met één sigaret op zak.'
'Omstreeks zeventien uur gaat er elke dag iemand naar de cafetaria, en dan kan je sigaretten laten meebrengen' liet hij me weten, niet wetende dat ik geen frank op zak had om sigaretten te kopen.
Ik nam afscheid van de twee politieagenten, vooral *Kaalmans* die me deze prachtige 'vakantie' had geschonken, en ging mee met de verpleging richting de grote zaal. Daar gingen zij verder door naar de vergadering, en ik besloot om door te gaan naar het terras waar twee rare figuren op een plastic tuinstoel zaten.
Ik ging erbij zitten, stak m' n laatste sigaret op, en vroeg naar hun namen, gewoon om ergens een gesprek te kunnen aangaan.
Ik stelde mezelf voor, en al gauw kwamen er andere mede patiënten naar buiten toe, vroegen telkens hoe mijn naam was, en sommigen ook waarom ik daar was.

'Gecolloceerd, door de politie binnengebracht, in mijn arm gesneden toen ik gedronken had…'
'Oh dan ga je hier veertig dagen moeten blijven zitten' liet iemand weten die ook was gecolloceerd.
'Ik zit hier al vijftien jaar' liet iemand weten die geïnterneerd was, en er bij wist te vertellen dat hij drugs nam, alle soorten verdovende middelen al had uitgeprobeerd, en voor niets terug deinsde.
Een andere gast die al enkele weken was gecolloceerd maakte zich dan ongerust over het feit dat er in zijn koelkast nog speed zat, zeker voor dertig euro, en hij het erg vond dat dit verdovende middel er zo maar lag, hij er niet aankon, en ondanks hij voor drugsgebruik in de psychiatrie zat, het toch zonde zou vinden bij zijn eventuele thuiskomst deze drugs zomaar weg te gooien.
'Het heeft tenslotte veel geld gekost' liet hij fier weten, met de intonatie dat hij die drugs zeker nog gebruiken zou.
Een ander iemand liet me weten dat er de week voorheen een patiënt was begraven, een jongeman die 'niemand wist hoe' een spuit morfine had vast gekregen, en zich zo had ingespoten, en gestorven was aan een overdosis.
'De spuit stak nog in zijn lichaam toen ze hem hier op deze afdeling zo vonden…' vertelde de mede patiënt me.
Allemaal sterke verhalen. Verhalen waar ik niet zo van hield, en nog minder van de miserie die er hier om ging.

Ik had in heel mijn leven dergelijke instelling steeds aanzien als een gekkenhuis, er mee gelachen als ik dergelijke 'planten' op de straat tegen kwam, maar nu zat ik er wel midden tussen.

Ik hoorde niets van Ilona, ik mocht enkele telefoons doen naar vrienden, en familie, om mijn kleding te laten brengen, ook al had ik van niemand een telefoonnummer, en was mijn gsm door de kale boosdoener in beslag genomen.

Ik kreeg een oude telefoongids, die ik meenam op het terras, en zocht naar enkele nummers die me misschien nuttig konden blijken.

Echt iets vinden deed ik niet. Het enige wat ik kon doen was mijn ex-vrouw bellen, en hopen dat zij mij misschien kon verder helpen.

Ik belde. Daar het een gsm nummer was, lieten ze me weten dat gsm nummers normaal gezien niet toegestaan waren om te bellen, tenzij iemand van de verpleging daar zijn of haar toestemming voor gaf.

Ik kreeg toestemming, en even later had ik ze aan de lijn.

Ze wist precies al wat er gaande was, maar haar eerste woorden waren

'Pa, laat je goed verzorgen, doe het voor de kinderen, en doe niets doms'

'Ma, ik doe niets dom, wie heeft je gezegd dat ik iets dom zou doen'

'Ik wil wel dat je wet dat wij je niet kunnen helpen, je bent wel de papa van Yannick, maar je weet, we hebben hier ons eigen leven opgebouwd, en ik heb hier liever niets mee te maken'

O.k. dat was duidelijk genoeg voor mij. Wat ze haar hadden wijsgemaakt, wie het ook was geweest, dat wist ik dus niet, wel da ze liever had dat ik haar niet meetrok in dit gebeuren.

Dat ze me nog steeds Pa noemde, en ik haar nog steeds Ma kon noemen, zoals we al deden, en blijven doen waren sinds de geboorte van Yannick was een goed teken. Een teken dat er ergens toch nog hetzelfde begrip voor elkaar was als er voor.

Hoe ik daar kwam, wie de politie had opgebeld, dat wist ik dus totaal niet.

Ik kreeg sigaretten, ook al had ik ze moeten betalen. De verplegers hadden mij dit uit de afdeling pot voorgeschoten, en ik kreeg drie pakken.

De psychiater, een vriendelijke niet onknappe dame van iets over de dertig jaar geschat liet me bij haar komen.

Veel zei ze niet, luisteren naar mijn verhaal, het gebeuren was de hoofdzaak.

Ik vertelde over het feit hoe ik erin geluisd werd door de politie. Wat ik had meegemaakt met Christine, maar dat ik nooit het idee had zelfmoord te plegen, dat ik dat een laffe daad vond, en zelfs bij de begrafenis van mijn eigen zus destijds geen enkele traan had gelaten, gewoonweg omdat ze door zelfmoord was gestorven.

'Het is toch niet normaal dat U zich in de arm snijd'

Liet ze weten.

Dat wist ik ook wel. Maar zelfs al haalde ik aan dat ik nooit dronk, drinken zeker niet gewoon was, en dit had gedaan tijdens zo een zatte bui, noemde ze het automutilatie, zelfverminking.

Wat het ook was, wat ze ook dacht, al had je de bewijzen zwart op wit dat je niet gek was, die mensen laten je toch niet gaan.

Ik mocht weer naar buiten, wel te verstaan de gesloten afdeling op.

Even later was het avond eten. Enkele boterhammen, slappe koffie, wat potjes goedkope jam. Echt gegeten heb ik niet, daar had ik totaal geen zin in, en zat ook met veel te erge stress.

Na het eten was er telefoon voor me.

In een klein hokje, waar een telefoontoestel stond, en het enige licht dat binnenkwam door een ruit die bovenaan het plafond was, verbonden met het vertrek waar de verpleging zat, nam ik plaats op een stoel.

Het was mijn ex-vrouw, die me liet weten dat ik me over Yannick niet druk moest maken, dat alles met hem goed was, en dat ze het zelf al had nagevraagd of ik mijn zoon kon blijven zien. Ze hadden haar geantwoord dat dit geen enkel probleem was, en ik Yannick daar op de afdeling mocht blijven zien.

Ze wist me ook meer te vertellen, namelijk dat Ricardo haar had opgebeld, en haar had verteld dat Ilona bij me was weggegaan.

Dit wist ik al van de politie, die het mij die ochtend had gezegd. Alleen geloven kon ik dat niet.
'Ma, Ilona zou nooit bij me weggaan, dat weet je best, en zeker niet nu ik voor haar echt heb gekozen deze week, en niet voor Christine…'
Maar mijn eerste vrouw zei
'Wees daar maar voorzichtig mee, ik heb iets totaal anders gehoord'
Het was duidelijk; Ze had niet enkel Ricardo gesproken, maar ook Ilona. Dat kon ik goed uitmaken uit de manier waarop ze me dit zei.
'Maar maak je niet ongerust Pa' vervolgde ze, 'Laat je goed verzorgen, en denk aan je kinderen'
Ik liet nog weten dat ik geen enkele bagage bij me had, geen rotte euro, en dat ik zelfs geen kruk bij me had, ook al ging ik nog met één kruk, om mijn nieuwe prothese niet zo te belasten.
Na de telefoon van haar, kreeg ik eindelijk het nummer vast van een vriendin van Ilona die elke week bij ons thuis op bezoek kwam. Deze kon via-via de nummer van Brigitte bemachtigen.
Toen ik Brigitte belde, en haar dit gebeuren in een samenvatting uitlegde, liet deze me weten dat ze die dag al contact met Ilona had gehad.
'Ilona heeft me gezegd, Alex is mijn man, en Alex blijft mijn man'
Ze liet me ook weten dat Ilona me nooit zou verlaten, dat ik dat toch wist, en niet zozeer de woorden van mijn ex-vrouw moest geloven. Ze

beloofde me ook me die week te komen bezoeken.

De avond kwam aan, en al snel werd me een kamer op de gelijkvloers getoond door een knappe jonge verpleegster uit het Hasseltse, die elke dag de grote afstand naar haar werk in het Leuvense moest afleggen.

Gelukkig een éénpersoons kamer. Ik kreeg een sleutel van een kastje op de kamer, en ze deelde me mee dat ik best waardevolle dingen kon opsluiten, zodat ze niet gestolen konden worden.

Ik ging terug naar het terras, een oud lang terras, overdekt met een ijzeren afdak, voorzien van glazen dak.

Rond elf uur moesten we verplicht gaan slapen. Het was gedaan met roken, en enkel in uitzonderlijke gevallen, wanneer je echt niet kon slapen, dan mocht je terug opstaan om een sigaretje te roken.

Ik ging naar de kamer toe, deed mijn prothese en het licht uit, en kroop in het oude éénpersoons ziekenhuis bed.

Ik dacht aan alles wat er was gebeurd. Hoe ver het kunnen komen was dat ik in dergelijke situatie terecht was gekomen, hoe erg ik het vond wat er allemaal was gebeurd, en misschien nog wel zou gebeuren. Ik dacht aan Christine, en aan Ilona, aan hoe ze voor me vochten een week geleden, en nu niemand die precies nog om me gaf, en viel ten slotte in slaap.

De ochtend nadien werd deze langslaper al gewekt om acht uur. Niet zacht zoals thuis het geval was, maar wel de deur voorzien van een groot venster, waar iedereen door kon kijken dat opengerukt werd.

'Het is acht uur, opstaan Alex'

Ik stond op, kleedde me aan, zag enkele bewoners van de afdeling snel de ontbijttafel dekken, en besloot om mee een tas koffie te drinken.

Daarna enkele sigaretten buiten rokend, om tenslotte door een verpleegster geroepen te worden

'Alex, telefoon voor jou… een zekere Ilona'

'Ilona?'

Ik kende maar één Ilona, en dat was mijn vrouw. Diegene die ik niet meer had gezien sinds zondag avond.

Ik ging zo snel als ik kon naar de telefoon toe.

'Niet boos op me zijn a.u.b.' sprak ze

'Het is niet mijn fout dat je gecolloceerd bent, en ik wil je laten weten dat ik mijn auto heb weg gedaan'

'Je auto?, Ik heb je toch altijd gezegd dat niet te doen, want dat is zo een mooie, en weldra een oldtimer'

'ja, maar de versnelling werkte niet meer goed, en Ricardo zei me ook dat het beter was deze al te verkopen'

'Wat is er dan juist zondag gebeurd, Ilona?'

'Ricardo wou niet tot bij Christine gaan, en zei dat ik met hem naar de politie moest gaan, maar ik kan wel niet lang bellen, want ik mag van hier uit niet bellen.'

'Waar zit je dan?'

'Dat mag ik niet zeggen'

'Zeg dan tenminste in welke provincie je zit'

'Antwerpen' zei ze aarzelend.

'Maar wat is er allemaal gaande? Waarom kom je niet tot bij mij?, en ik heb gehoord dat je me niet meer wil?'

'Ik hou van je Alex'

'Gaan we dan terug samen?'

'Niet nu meteen, misschien achteraf'

'Ik vind het erg, je bent mijn vrouw, je weet wat een verdriet ik die week heb gehad, dat ik voor jou gekozen heb, en precies een week later laat jij mij vallen?'

'Ik laat je niet vallen'

'Zorg er dan voor dat je donderdag aanwezig bent hier, dan is mijn zaak of ik hier moet blijven of niet'

'De dokter heeft me gezegd dat ik daar niet moest bij zijn' liet ze weten

'Dat moet je niet, maar dan kan je er toch voor mij zijn!'

'Ik moet nu neer leggen, ik hoor mensen binnenkomen'

'Als je me vandaag niet komt bezoeken Ilona, dan ben je mijn vrouw niet meer!, het is een schande dat je me hier zo maar laat stikken, en jezelf zegt dat jij de schuld niet bent, maar die Ricardo!'

Ze kreeg de kans niet om de hoorn neer te leggen, dat deed ik zelf.

Wanneer ik uit de telefoon cabine was, zag ik aan de mensen in de zaal dat iedereen zowat mijn gesprek had kunnen horen. Ik had duidelijk iets wat te luid gesproken.

Nu wist ik wat er gaande was. Wie die persoon was die vanuit de stad de politie had gewaarschuwd. Wie Ilona had meegesleurd en haar had overtuigd naar de politie te gaan, en niet naar Christine.

Ook al had Ricardo tegen me gezegd die zondag avond

'Alex, jij bent als een broer voor mij'

Een broer? Wat een 'sarcastische' grap.

Toen ik terug naar het buiten terras wou stappen, ging opnieuw de telefoon, opnieuw voor mij.

Het was mijn ex-vrouw die ditmaal liet weten dat ze gezien had dat er thuis enkele auto's voor de deur stonden, en een hele hoop mensen die allerlei spullen van thuis aan het inladen waren.

In volle paniek legde ik de hoorn neer, belde de locale politie van onze gemeente. Het was de withoofdige politieagent die opnam, de collega van de boosdoener.

Ik liet hem weten dat er thuis dingen werden weggehaald, en vroeg hun heel snel te gaan zien.

De man beloofde een team erop af te sturen, en me even later te laten weten wat er juist gaande was.

Ondertussen besloot ik mijn ex-vrouw terug te telefoneren.

'Pa, waarom had je de hoorn toegelegd?'

'Omdat ik dringend de politie heb gebeld om thuis te gaan kijken'

'Maar Pa, dat is nu niet gebeurd, dat was gisterenavond rond elf uur'

'En je zegt me dat nu pas?'

'Ja, het was veel te laat om te bellen'

Verdomme, ik had de politie naar me thuis doen gaan voor niets, voor een feit dat al twaalf uur eerder was gebeurd.

'Pa, je moet je niet ongerust maken'

Ze wist precies meer, waar wou echt niet dat ik me in deze instelling zou opwinden om feiten die daarbuiten gebeurde.

'Maar wie is er dan thuis dingen gaan bijhalen?'

'Dat weet ik niet Pa'

Maar zodat ik hierop geen verdere vragen zou stellen haalde ze nog maal aan

'Je moet vooral aan je kinderen nu denken, en aan niets anders.'

Ik liet weten dat Ilona me had opgebeld

'Raar', wist ze me te zeggen

'heb jij dan echt nog niets van Ilona gehoord?' vroeg ik aan haar

Even aarzelde, maar wist waarschijnlijk dat ik het anders toch zou te weten zijn gekomen.

'Ja pa, en ze heeft me gezegd dat ze niet meer terugkomt, dat het voorbij is'

'Brigitte zei me nog thans aan de telefoon dat ze zei dat ik haar man was, en altijd haar man zou blijven'

'Dan heeft ze tegen Brigitte gelogen'

De telefoon werd afgerond nadat ik nog snel mede deelde dat ik geen geld bij me had, en nog steeds geen propere kleding. Dat ik nog steeds in mijn bebloede short zat. Bloed van m'n arm.

Daarna begon ik na te denken over al het gebeuren. De politie had bevestigd dat Ilona et ouderlijk huis had verlaten. Ilona had me bevestigd dat ze in Antwerpen zat, waar dan ook in die grote provincie, en Brigitte had me gezegd dat Ilona bij me zou blijven.

De politie belde terug, liet me weten dat er thuis geen sporen van inbraak waren, er niemand was ingebroken, en nog minder dat er wagens stonden, van alles in te laden.

Ik legde de man uit dat het de avond voordien was gebeurd.

Daarna dacht ik verder over het gebeuren, en besloot naar Ilona terug te bellen.

Haar gsm stond uit, maar ik sprak de volgende boodschap in

'Ilona, ik weet niet wat er gaande is, maar pas op, thuis worden allerlei dingen gestolen, ingeladen door enkele auto's'

Dit had ik gezegd met overtuiging dat Ilona hier niets van wist, als verwittiging dat ze misschien eventueel is kon gaan kijken wat er thuis juist gaande was.

In de namiddag belde Brigitte me op om te laten weten dat ze me de dag nadien zou komen bezoeken.

Toen ik Ilona' s beste vriendin, Yvonne, opbelde uit het Limburgse, liet deze me weten dat ze het erg vond voor me, maar dat ze niets meer van Ilona had gehoord, dat ze het zelfs raar vond dat haar beste vriendin haar zo in onzekerheid over de feiten liet. Wanneer ik Yvonne dan vroeg of ze me is zou willen komen bezoeken, liet ze me kort weten dat ik echt niet van haar kon verwachten dat ze die afstand tot het Leuvense moest opbrengen voor me, en dat ze ook nog moest werken.

'Alles komt wel goed, en zodra ik iets van Ilona weet, zal ik het je ook laten weten', dat was haar slotzin.

Daarna werd het weer avond, de beste periode van de dag.

De ochtenden gingen er zeer traag voorbij, zo ook de namiddagen, maar de avond was een korte aftelling naar het slapen gaan.

De dag nadien, die woensdag zag ik opnieuw de psychiater, kreeg ik opnieuw en gesprek met de verpleegster die me begeleide, en me vaak probeerde te troosten.

Van de hoofdverpleger kreeg ik te horen dat ik niet alles eerlijk zou vertellen, dat ik meer achterhield dan dat er waarschijnlijk was gebeurd.

Ik kreeg een ferm standje, en dat liet hij ook weten. Ook dat ik dit niet persoonlijk, of kwaad moest opnemen.

Wat ik wel heel erg, en ook vrij grof vond van deze dikkerd, was dat hij niet kon begrijpen dat ik de eerste twee dagen zodanig had gehuild dat hij haast medelijden met mij had gekregen, en het nu maar raar vond dat ik niet meer huilde. Mijn conclusie was dan dat ze je daar alleen maar willen zien huilen. Met wat je allemaal te weten komt over hoe je vrouw achter je rug tekeer gaat, en dat dit je sterkt, harder maakt, dat kon hij niet begrijpen.

Eveneens begreep hij niet dat ik me zo druk maakte in al die dingen, en eerder een gevoel had dat ik binnen het zothuis alles moest laten rusten, me helemaal niets aantrekken van wat er daarbuiten gebeurde.

Alsof ik dat kon.

Die woensdag kwam ook mijn advocaat, een heel vriendelijke man uit onze buurt, die reeds enkele zaken van mij in het verleden had op orde gesteld. Ik had een gesprek van meer dan twee uur met hem.

Het enige wat hij kon zeggen was dat mijn vrouw me er had ingeluisd, en dat zelfs zo een hond niet behandeld werd. Wanneer ik hem het volledige verhaal van Christine had verteld, wat er was gebeurd, dan nog bleef hij bij zijn eerste beslissing 'zo doe je zelfs niet met een hond.'

Het was me duidelijk aan het worden dat ik er volledig ingeluisd was.

Hij zou alles doen om me weer vrij te krijgen uit dat gekkenhuis, en liet me weten dat die snede echt geen reden was om me in dergelijke instelling op te sluiten.

Daar ik geen geld bij me had stelde hij me zelf voor om me vijftig euro te lenen, zodat ik tenminste iets had.

Op het feit dat er thuis dingen waren gestolen, weggehaald, daar kon hij niet veel op zeggen.

Daar Ilona volmachten had op mijn rekeningen, en ik niet zeker was wie er achter deze hele zaak zat, vroeg ik hem om naar de bank te gaan, en een formulier door te halen dat ik moest ondertekenen zodat deze volmachten konden stopgezet worden.

Na het bezoek van de advocaat belde mijn ex – vrouw op om te laten weten dat ze opnieuw had gezien dat er mensen bij me thuis waren binnen geweest, en deze keer opnieuw dingen hadden meegenomen. Wie het was, wist ze nu eveneens niet. Ik belde naar het kantoor van de advocaat, vroeg hem mij te laten terug bellen zodra hij binnen kwam, en dat gebeurde een half uurtje later.

Ik zei hem dat ik in een gesloten afdeling geen macht had om van daaruit te handelen, naar huis toe te gaan, of wat dan ook te ondernemen.

Ik vroeg hem of het mogelijk was een nieuw slot te laten plaatsen. Dat kon als ik hem een fax stuurde waarin ik vroeg hem dit te laten doen.

De avond verpleger, een vervelend ventje tot en met liet me weten dat hij de fax wel zou versturen, maar dat ik moest wachten.

Ook al legde ik uit wat er thuis was gebeurd, wat er gaande was, en het al twee maal was gebeurd, daarop kon hij alleen maar zeggen

'Je moet je hier zo alles van de buitenwereld niet aantrekken'

Ik dacht maar zweeg

'nee, je moet je hier en plant laten worden, doen wat jullie willen, en alles vergeten en wegsmijten wat je hierbuiten hebt opgebouwd'

De fax werd eindelijk verstuurd, kreeg deze terug met een afleveringsrapport en even later belde de advocaat opnieuw om te zeggen dat het slot was vervangen, en dat hij heel even mee binnen was geweest. Hij had gezien dat thuis een heel deel elektronische toestellen weg waren, en eveneens enkele kaders, de computers, en nog enkele dingen.

Dat dit alleen maar Ricardo en Ilona konden geweest zijn kwam ik die dag te horen toen mijn ex-vrouw me terugbelde, en begon te vertellen

'Pa, ik wil hier niets mee te maken hebben…'

'Dat weet ik Ma'

'Maar Ricardo en Ilona hebben bij jou thuis heel veel weggehaald'

Wat ik hoopte dat zo niet zou zijn geweest, maar wel zo was, werd me nu bevestigd.

Nog steeds kreeg ik geen propere kleding, of geld, noch m'n kruk. Het enige wat er was gebeurd was dat de nachtverpleger zo vriendelijk was geweest om mijn bebloede short die nacht te hebben uitgewassen, en ik tenminste een propere broek aanhad.

Die avond kwam de echtgenoot van mijn ex-vrouw op bezoek, iemand die reeds jaren een goede vriend van me was, en die het erg vond dat Ilona me dit had aangedaan.

Toen hij binnenkwam had hij een grote witte plastic zak mee.

'Dit is voor jou' liet hij weten

Ik nam het aan, keek erin, en zag een farde sigaretten, twee nieuwe onderbroeken, en twee nieuwe paar kousen.

Ik huilde van blijdschap, het deed me zo goed nu m' n echte vrienden te leren kennen. Mensen waarvan in het verleden niet al te veel goeds over werd gedacht, althans niet door Ilona, die steeds iets te zeggen had op mijn ex en haar echtgenoot.

Ik pakte hem dik vast, en bedankte hem.

Wetende dat hij altijd sigaretten rolt voor zichzelf, en hij me een farde 'echte' sigaretten cadeau deed gaf echt een goed gevoel van 'hoe lief van die mensen'

Het gesprek was kort, want hij kwam van z' n werk, moest nog naar huis gaan eten.

Ik ging een kort maar open gesprek met hem aan.

'Als Ilona hier echt achter zit, met die Ricardo, dan mg ze er zeker van zijn dat ze met mij heeft afgedaan'.

'Dat begrijp ik maar al te goed' liet hij weten.

Ik haalde ook aan dat de advocaat was geweest, dat er de dag nadien, de donderdag een rechtzaak was, een bijeenkomst in de psychiatrie, achteraan in een lokaal waar zou beslist worden of ik vrijkwam of niet.

'Wat ga je doen als je hier buiten bent?' vroeg hij me.

'Dan ga ik zeker niet terug bij Ilona, dan huur ik me een gezellig klein appartementje, en begin volledig opnieuw'

Ik vertelde hem over het feit dat ik mezelf gelukkig mocht prijzen dat ik mezelf had geduwd om terug te leren gaan op een prothese. Al enkele jaren had ik gesleten in een rolstoel, en enkele maanden voor dit voorval besloot ik om terug een prothese te laten maken.

Ilona had me gezegd dat ik niet moest gaan als ik niet wou, en ze wel altijd voor me zou gezorgd hebben, voor mij als rolstoel patiënt.

'Gelukkig dat ik het toch heb gedaan, leren gaan, waar had ik anders nu gestaan in mijn rolstoel?'

'Ja, dat is waar' liet hij weten 'Dan had je het nu nog moeilijker gehad'

Hij vertelde dat Ricardo nooit te betrouwen was, dat het een heel raar iemand was, en ik hem best kon mijden;

Dat ik niet begreep dat Ricardo me eerst 'zijn broer' had genoemd, en nu zo tegen me deed kon ik maar niet begrijpen. Opnieuw dacht ik aan het feit dat hij me wel erg moest haten, desondanks ik hem in het verleden altijd had geholpen. Websites voor hem gemaakt, grafische ontwerpen, filmpjes voor een regionale televisie site die hij had. Ik begreep het niet, maar wist goed genoeg dat hij niet deugde, en tot heel veel in staat was, en nog zou zijn. Ik vertelde nog zoveel meer, ik hield aan hoe ik me voelde, en of dit echt wel de straf was die ik verdiende.

Het feit dat ik zovele jaren lang had gedacht dat mijn vrouw me nooit zou laten vallen, nooit bij me zou weggaan, was nu verleden tijd. Wat ik meemaakte was de pure realiteit.

Dat ik Christine zo graag zag, en ik het erg vond wat er die eerste vreselijke zondag was gebeurd, en voor Ilona had gekozen, deed me ergens pijn.

Dat ik haar had laten vallen om opnieuw in de liefde van Ilona te geloven, en daardoor nu in een psychiatrische instelling te moeten zitten was op zich niet zo erg.

Ik vond het veel erger dat ze me op dergelijke laffe manier had achtergelaten. Weggegaan zonder ook maar iets te laten blijken van 'Ik ga bij jou weg Alex'.

Gewoon de manier waarop, daar had ik het enorm moeilijk mee om te verwerken.

Dat ze onze woonst leegplunderde, samen met die smeerlap die zogezegd een goede vriend was, en mede eerste week Christine had afgenomen. Daar had ik nu ook al in begrepen dat wat hij me over haar had verteld totaal niet waar kon zijn. En wat hij haar had verteld over mij, of zelfs tegen haar ouders, daar durfde ik niet over na te denken. Hij was tenslotte een uur bij haar thuis binnen geweest, kans genoeg om me tot het grootste straatvuil uit te roepen.

Ik vond het verschrikkelijk.

Uit dit alles kon ik alleen maar opmaken dat ik nooit had mogen geloven in 'eeuwig samenzijn', en Christine haar liefde voor me wel echt was geweest.

Ook al vond ik het vreselijk hoe Christine me die week vol verdriet had laten stikken, zo leek het toch in mijn ogen; Toch was dit niet te evenaren met wat Ilona me nu aandeed.

Ik wou dat ik terug in de tijd kon, dat ik naar die ene zondag kon terugkeren toen Christine naar huis was vertrokken, dat ik haar had gestopt, en voor haar had gekozen.

Langs de andere kant dacht ik anders,

Ik dacht over hoe ik ze amper enkele maanden kende, en toch... Wanneer ik mijn ex-vrouw destijds leerde kennen waren we al na zesweken kennis getrouwd.

Het feit dat ik Christine liet vertrekken, haar afwees, en tenslotte opnieuw in Ilona geloofde was niet doordat ik haar amper enkele maanden kende, maar wel doordat ik een grote lafaard was geweest.

Een lafaard die beide vrouwen enorm veel verdriet had aangedaan. Een vriendin mee op vakantie had genomen. Een vriendin die veel meer dan een vriendin was.

Maar hoe ik ook probeerde dit gedoe als mijn straf te aanzien, telkens dacht ik aan de woorden van mijn advocaat 'Zo doe je nog niet tegen een hond'…
Ik wist dat ik fout zat, dat ik twee vrouwen een mes door hun hart had geboord, en hun beide wou winnen, wetende dat ik er maar ééntje had kunnen hebben. Dat dit niet Marokko of ander moslim land is waar je en harem aan vrouwen mag bezitten. Toch had ik geen van beide echt los gelaten, en gehoopt, lafweg dat ze het zelf onder elkaar hadden uitgevochten.
Hoezeer ik die periode wou dat ik terug in de tijd kon gaan, wist ik dat tijdreizen enkel in films en stripverhalen kan. Deze periode was non-fictief en toch zodanig zwaar, dat ik zelf niet kon geloven dat ik op zo een korte periode zoveel klappen kreeg op te vangen.
Christine op de hoogte brengen van wat er mij was overkomen, hoe ver onze liefde me had gebracht kon ik niet, ik had geen enkel telefoonnummer van haar.
Wanneer Benny, de man van mijn ex-vrouw, en een echte vriend van me was vertrokken naar huis, ging ik terug naar mijn kamer, en het duurde geen minuut voor ik zo een nieuwe onderbroek aantrok. Het deed deugd toch iets nieuw, vooral proper te kunnen aandoen.
Ik besloot nogmaals naar de advocaat te bellen, en hem te vragen hoe het kwam dat nog niemand een zak vol kleding voor me had gebracht. Hij

bevestigde dat hij die dag Ilona aan de telefoon had gehad, en mij vergeten te zeggen was dat er voor zou gezorgd worden dat ik die avond nog mijn bagage had. Maar dat gebeurde niet, hoezeer ik ook wachtte op propere kleren, ze kwamen maar niet.

Ik belde Yvonne, de vriendin van Ilona op, en liet haar weten wat ik allemaal te weten was gekomen.

Door wie ik er was terechtgekomen, en wat er thuis achter m'n rug allemaal gebeurde.

Ze zei dat ze niet kon begrijpen dat Ilona me dit aan deed, en dat waarschijnlijk Ricardo hoofdverdachte nummer één was, en Ilona in dit gebeuren meesleepte, en haast dwong.

Dat Ilona naïef was, wist ik al eerder, maar zo achterbaks om me in deze situatie te duwen?, nee dat durfde ik echt niet denken.

'Ilona is zo niet Alex, dat weet je best' liet ze me nogmaals weten, alsof dit een echte geruststelling was.

Dat ze nog steeds niets van haar vriendin, mijn vrouw had gehoord leek me onwaarschijnlijk. Geloven kon ik het zeker niet.

Die avond kon ik heel moeilijk de slaap vatten. De dag erna kwam mijn zaak voor, de zaak die zou beslissen over mijn verdere lot. Ofwel veertig extra dagen hel in deze instelling vol met wezens die liever aan zelfmoord, drugs, en drank denken dan aan een echt leven daarbuiten.

Ik vroeg een slaappilletje, of iets om rustig te kunnen worden die nacht, kreeg het, maar nam het tenslotte niet in. Ik had al zovele verhalen gehoord over mensen die plant waren geworden, kalm werden gehouden in dergelijke klinieken om ten slotte de lange dagen zonder ontspanning, zonder echte bezigheden tot een zo goed mogelijk einde te kunnen brengen.

Ik ging m'n bedje in, en probeerde te denken wat ik zou doen moest ik er nog veertig dagen blijven. Ik dacht eraan hoe de wereld misschien een boodschap had om hier over een boek te schrijven, en of ik nu veertig dagen langer moest blijven, of naar huis toe mogen gaan, ik besliste om het in ieder geval te openbaren, het verhaal naar buiten te brengen.

Rond half drie 's nachts kon ik eindelijk de slaap vatten.

De ochtend nadien was het weer het dagelijkse streng ritueel. Opstaan, zo vroeg. Niet dat vroeg opstaan een slechte gewoonte is, dat hoor je mij niet zeggen. Maar als je een godganse dag niets om handen hebt, buiten sigaretten paffen, en naar de onzin luisteren van andere 'gekken', dan had ik toch liever tot de middag kunnen slapen.

Ik keek op de klok. Nog onder half uur te gaan voor mijn zaak begon.

Ik werd door een sociale assistent meegenomen naar de plaats van gebeuren, en zag daar mijn advocaat. Hij wist me te vertellen dat Ilona de boeken had neergelegd.

Ik dacht eerst dat ze gewoon de handelszaak die op haar naam stond, was gestopt. Maar hij legde

me uit dat het met andere woorden betekende dat ze haar had laten failliet verklaren.
'Waarom dat?'
'Dat is gewoon om je te *kloten*' antwoordde hij op mijn vraag.
Nu was de link snel gelegd naar de spullen die thuis waren verdwenen.
Ik vertelde hem over het feit dat de verpleging me de avond voorheen, na het laatste ontvangen telefoontje me had verboden nog te bellen, en eveneens verboden had telefoons te ontvangen, tot na de rechtzaak.
Op zich een raar zaakje, maar dit bleek vast en zeker te zijn om na te gaan of ik dan een 'kalme jongen' ging blijven, of me zodanig ging opwinden, agressief worden, zodat ze een reden hadden om me nu, deze donderdag langer daar te houden.
'Ik probeer hier mijn verstand op nul te zetten' liet ik hem weten, vlak voor we het zaaltje binnen gingen waar een vriendelijke rechter zat te wachten, samen met een griffier, en een andere gerechtelijke dokter, éntje die alvast vele sympathieker leek dan diegene die ik enkele dagen ervoor op het politie bureau had ontmoet.
'Gaat U zitten' liet de rechter me weten.
Ik ging tegenover hem zitten. Links van me zat mijn advocaat, en rechts zat de vrouwelijke psychiater, en daarnaast een kaalkop die de grote baas van heel de kliniek bleek te zijn.

De advocaat fluisterde me toe dat hij het raar vond, en zich had opgewonden omdat er nog geen volledig medisch dossier over mij bestond, het zogezegd niet tijdig klaar was geraakt, en hij normaal inzage in dat ding had moeten hebben, nog voor de zaak voorkwam.

Dat dit niet gebeurd was, dat leek me dan ook vrij onmiddellijk duidelijk waarom.

Er waren allerlei feiten uit m' n verleden opgespoord, of anders gezegd waarschijnlijk binnen gebracht door *echte* vrienden zoals mijnheer Ricardo. Dat mijn computer weg was, en volgens mijn bronnen bij Ricardo stond was nu ook honderd procent zeker, want daarin stond heel veel van me.

'De feiten die U aanhaalt' sprak ik in de richting van de eerst zo vriendelijke psychiater, 'Hebben niets te maken met deze collocatie'

De advocaat nam over, deed een heel lang gesprek, hoe ik er was ingeluisd, hoe gek ik er zou worden, en echt kompleet zot zou worden moest ik er veertig dagen langer moeten blijven, en hoezeer het een noodzaak was me vrij te laten uit deze hel van onmacht. Zeker rekening houdend met dat ik dan ook orde op zaken kon stellen, en thuis alles kon regelen. Alvast proberen me niet verder te laten bestelen door Ilona, Ricardo, en waarschijnlijk ook haar oh zo lieve behulpzame familie.

Wanneer de advocaat vertelde dat deze snede onder invloed van alcohol werd gemaakt, en ik thuis in de tattoo-studio genoeg medisch materiaal had staan om een perfecte zelfmoord te plannen, begreep de dokter van het gerecht dat het niet mijn bedoeling was geweest om zelfmoord te doen.

Daar het medische dossier nog niet af was, werd er besloten dat de advocaat de dag nadien naar de rechtbank van Leuven zou gaan, om daar dan het vonnis te aanhoren.

De advocaat zei na afloop in de gang tegen me dat Ilona hem eerder die dag had gesproken en ze hem had gezegd

'Alex?, die komt zeker niet vrij, daar ben ik van overtuigd'

Dat Ilona mee in het complot tegen mij zat, al dan niet de hoofdpersonage achter dit alles was, ik wist nu heel goed dat zij wou dat ik daar zat.

Dat ze er misschien wel plezier in had me zo te zien wegkwijnen in dergelijke instelling.

Ik had de moed vol, en nadat ik terug op mijn kamer aankwam kon ik alleen maar huilen.

Daarna kwam Brigitte me bezoeken.

Heel stil fluisterde ze dat de hoofdverpleger haar eerst apart had geroepen, en gevraagd over hoe Ilona in het dagelijkse leven was, en had hij haar ook laten horen

'We zullen voor hem morgen waarschijnlijk de deuren moeten openzetten'

Ik vroeg nogmaals of ze dit echt gehoord had, en ja ze bevestigde me nog enkele malen dat hij dat tegen haar had gezegd.

Het was een heel tof open gesprek, ze zei me dat ik de moed niet moest laten vallen, en dat ik nu vooral aan mezelf moest denken, dat ik niet moest denken aan daar nog veertig dagen moet blijven, en dat ik moest denken aan hoe daar zo snel mogelijk weg geraken.

Toen ik vertelde hoe Ilona deed, en Ricardo haar waarschijnlijk daarin duwde me dit alles aan te doen, toen liet ze me weten

'Ilona is misschien naïef zoals je zegt, maar zelfs dan zou ze toch neen kunnen zeggen als ze dat zelf niet wou'

Daar moest ik haar gelijk in geven.

Ik vertelde hoe dom ik het vond dat ik voor dit alles moest opgesloten worden, en voor een snede en de naam Christine die ik op m' n arm had gekerfd.

Brigitte vond het feit waarom, redelijk grappig.

'Er zijn zovele mensen die wel is een letter of een naam kerven op hun arm' sprak ze.

'Ja maar, dat is vooral bij de jeugd' antwoordde ik.

Jeugd of niet, zelfs volwassenen hebben de naam van hun geliefde op hun lijf staan. Hoeveel mensen hebben niet de naam van hun vrouw of man laten tatoeëren. Zelfs ik draag op mijn rechter bovenarm de naam 'Ilona' met de datum van ons huwelijk eronder.

Na het bezoek van Brigitte bleef ik alsmaar denken aan de woorden 'we zullen morgen de deur voor hem moeten openzetten.'

Dat deed me wel goed, wetende dat de verpleging, de hoofdverpleger dit tegen haar had gezegd.
Op da moment kwam een andere verpleger me zeggen dat er iemand was met mijn zak vol propere kleding.
Toen ik hem vroeg wie het was, zei deze 'Ilona'
'Ilona?, Hier?'
'Ja' bevestigde hij, 'Maar ze wil niet doorkomen naar de afdeling'.
Hij vroeg me een formuliertje op te maken voor ontvangst van mijn portefeuille die ze bij had, samen met m' n bank kaarten, mijn identiteitskaart, en tien euro.
Ik maakte een papier op, en liet hem weten dat hij mocht vertellen dat ik het een laffe trut vond, die ik nog wel is later op mijn manier haar verdiende loon zou terugbetalen.
'Dat ga ik niet vertellen' liet hij weten.
Dertig minuten later stond hij er met een grote zak vol kleding, die eerst moest worden gecontroleerd door hem. Waarschijnlijk om na te kijken of er geen flessen wijn inzaten, of misschien wel drugs om door te verkopen aan alle verslaafden die er zaten, of misschien ook wel één of ander vlijmscherp mes om m' n aders door te snijden, of een dik touw om me kunnen op te hangen.
Er zat niets illegaals in. Het enige rare dat er in zat was m' n ganse collectie dassen. Ik kreeg hierover meteen het gevoel dat ze dit speciaal had meegegeven met de hoop dat ik me met één van

deze dingen zou ophangen, want goed genoeg wist ze dat ik nooit een das droeg. Eveneens raar was het feit dat er één pakje sigaretten zat, enkele koekjes, en één blikje icetea, mijn lieveling drank.
'Hoe lief, het niet erg vinden dat ik hier zit, mijn heel huis leegplunderen, en dan nog dit meegeven'
Ik zat alle bagage mooi weg, en eindelijk na vijf dagen, sinds die bewuste zondag kon ik me volledig proper kleden.
Wanneer ik propere kleding aanhad werd er op de kamerdeur geklopt.
'Bezoek' zei de droge verpleger.
Nu kreeg ik ook het bezoek van mijn ex-vrouw Els, samen met haar echtgenoot Benny, en hun dochtertje.
Opnieuw was er een grote witte plasticzak bij voor me,
Met daarin een enveloppe. Honderd euro erbij, enkele foto's van Yannick, en een set nieuwe parfum.
Daarnaast ook een grote koffer.
'We hebben je kleding meegebracht'
Ik had zovele dagen op kleding gehoopt, nu waren er ineens twee zakken. Het eerste idee dat ik kreeg was
'Het zal het lot wel zijn. Het lot dat weet dat ik hier nog heel lang zal moeten blijven'
Els, net zoals zovele personen lieten me weten dat ik toch heel voorzichtig moest zijn, indien ik terug opnieuw met Ilona zou beginnen.

'Nooit begin ik nog met dat serpent een relatie' was mijn antwoord.
'Met al het gene wat die me nu aandoet, kan ik zelfs niet huilen om haar, wel haten'
Els liet me weten dat ze eigenlijk niets met die hele zaak te maken wilde hebben, en dat ze enkel me wou helpen met deze kleine gunsten, wat ik natuurlijk volledig begreep.
'Je weet ook Pa, we hebben ons eigen leven, maar toch konden we je zo niet aan je lot overlaten'
Drie mensen waren er die vreselijke week voor me. Mijn eigen vrouw? Nee, totaal niet. Wel mijn ex-vrouw, haar man, en vriendin Brigitte. Ik kende nu eindelijk de drie vrienden die ik had. De enige vrienden.
Wanneer ik van Benny te horen kreeg dat Ann had laten weten dat ze liever niets meer met mij te maken had, wist ik ook al dat die vriendschap zo nep was als het maar kon zijn.
Toen ik haar is tweehonderd euro had geleend omdat ze het zo moeilijk hadden, en beloofd had om hen drieduizend euro te lenen, wat ik gelukkig nog niet had gedaan, toen had ze me anders wel graag.
Vrienden, die heb je zoveel en zolang als dat je geld hebt, dat was nu heel duidelijk voor me.
Echte vrienden echter, mensen waarbij je de armste luis mag zijn, totaal achtergelaten, en vernederd als *stront*, daar had ik er nu drie van.
Ik legde m'n plannen uit wat ik ging doen als ik vrij mocht komen, maar liet ook weten dat ik

Ilona zou *krijgen* moest ik daar langer moeten blijven.

Ik had steeds gezegd dat ik alle kosten van openstaande facturen zou betalen, ook al zou ik bij Christine zijn gegaan, ook al zou Ilona me droppen. Maar op deze laffe manier? Nee!

'Die moet echt niet denken dat ik ook maar iets ga meebetalen in haar zelfgewild faillissement' zei ik overtuigend tegen Els.

Benny kon vertellen dat hij bij het binnengaan thuis had gezien dat boven de ganse kamer van Frederique leeg was, dat al mijn dvd' s en muziekinstallatie weg waren, en nog zoveel meer. Mijn digitaal fototoestel, heel veel software,... zoveel dat ik haast kon huilen.

'Waarom doet ze dit?' vroeg ik stom weg, terwijl ik het antwoord eigenlijk al wist.

'Waarschijnlijk omdat ze wist als ze op dergelijke laffe manier bij je weg ging haar ook zou laten vallen, haar niet meer zou helpen'

'De auto's zijn ook weg', liet Benny me weten.

'De auto's?, dat ik weet dat haar auto weg is weet ik'

'Nee Alex, ook jou auto.'

Mijn mooie auto met splinternieuw gps systeem dat ik laten plaatsen had vlak voor de vakantie naar Frankrijk, twee tv-schermen in, video...was weg'

Hoe meer er weg bleek te zijn, hoe minder ik het me aantrok wat er allemaal weg was. Hoezeer ik ook al het materialistische begon te missen, de nieuwe instelling voor een leven alleen te starten was alvast zonder al die dingen. Maar mijn auto? Iets dat ik als één benige meer dan broodnodig had, dat vond ik erg.

Ik vroeg aan mijn ex-vrouw mijn twee bankkaarten mee te nemen, gaf haar de codes, en vroeg na te gaan of er nog geld opstond, en als dat er nog opstond dat ze het onmiddellijk afnam, en me daarna zou geven. Die avond bevestigde ze me nog dat er inderdaad geld opstond, en dat ze het had afgehaald.

Na het bezoek ging weer op het terras zitten, en ging een tof gesprek aan met een oudere man die er zat omdat hij manisch-depressief was, en zijn zoon had verloren in een drugszaak. Hij was in mijn ogen zo een beetje de enige normale van de afdeling.

Hij liet me weten hoe rot de wereld was, hoe mannen niets zijn wanneer het tot een scheiding komt, en de vrouw steeds het winnende lotje in handen heeft.

We gingen uren door met ons gesprek, tot de tijd was gekomen om slapen te gaan.

Ik bad dat ik de dag erna vrij kwam, dat de hel eindelijk zou stoppen, en ik eindelijk terug het echte leven in kon.

Wanneer ik op die vrijdag wakker werd, en er eigenlijk zodanig van overtuigd was dat ik daar zou moeten blijven, en ik me al had voorbereid op dat slechte nieuws, kwam rond half elf opnieuw bezoek voor me.

'De advocaat is er voor je' kwam de Limburgse verpleegster me mededelen die al heel wat minder vriendelijk tegen me was dan in het begin.

Ik volgde haar naar de grote vergaderzaal, hypermodern, totaal anders dan de oude afdeling waar ik zat, waarschijnlijk niet mogen doorkomend omdat hij, en alle andere bezoekers dan zouden zien hoe ouderwets die afdeling wel was. Hoge plafonds, oude en weinige meubels, meer onderkomen dan onderhouden.

Wanneer ik hem in de vergaderzaal zag zitten, en ik de deur achter me had toegedaan nam hij onmiddellijk het woord.

'Ik ben net terug van de rechtbank in Leuven'

'En ik mag hier minstens veertig dagen langer blijven' onderbrak ik hem. Hij keek me even aan, en vroeg zich waarschijnlijk af waarom ik zo zeker was van mijn gedachte daar rond.

'neen, U mag naar huis…'

Ik stond stom verbaasd.

'naar huis?'

'Ja, vandaag nog, U moet enkel wachten op de bevestigingsfax die men naar de afdeling hier zal sturen.'

Ik kon het niet geloven. Ik stond meteen weer op, en pakte hem vast alsof een zoon zijn vader vastpakte, en begon te huilen.

'Blijft U kalm' zei hij me met een bedarende stem.

Ik probeerde me kranig te houden, ondanks de emotie die ik nu moest verwerken.

Ik bedankte hem, ik liet hem weten hoezeer ik dit gebeuren apprecieerde.

Hij begon te vertellen over het gesprek dat hij met de vrederechter had die morgen.

'De rechter wist gisteren al dat hij U zou vrijlaten' zei hij, 'Hij was er onmiddellijk van overtuigd dat U hierin bent geluisd, en dat U weer vrij moet komen om orde op zaken te tellen, en u hier volledig niet thuishoort'

Hij liet me ook weten dat de rechter de dag voorheen zeker nog een twintigtal minuten was blijven napraten over mijn zaak met de gerechtsdokter, en dat hij anders na zo een zaak meteen weer naar huis gaat, maar hij deze zaak zo speciaal vond dat hij daar onmiddellijk duidelijkheid heeft willen brengen tegenover die dokter dat ik er echt niet op mijn plaats was.

'Maar ook de dokter was gisteren al overtuigd dat deze kliniek hier niet is waar U thuishoort' vervolgde de meester.

Dat ik geen auto had, dat wist hij, die zou weggehaald zijn geweest door de curator van het faillissement van Ilona, en of ik die terug zou krijgen, daar bestond geen zekerheid over. Dat kon alleen de tijd uitmaken, maar natuurlijk ging hij ook aanhalen dat een man op één been heel moeilijk zonder vervoerwagen kon.

Met blijdschap ging ik terug naar de afdeling. Waar ze ondertussen al wisten, toch het verplegende personeel althans dat ze me vrij moesten laten.

Een heel andere mentaliteit kwam er nu uit die mensen. Ze waren plots vriendelijk, ik werd bij de hoofdverpleger geroepen, waaraan ik liet weten dat ik dus echt geen zelfmoordtype was, en deze wenste me succes.

Even later kreeg ik ook een gesprek met de psychiater. Eerst zo een vriendelijke vrouw, maar nadien, sinds de zaak de dag ervoor zo een kreng die me er had willen in houden met oude feiten van jaren ervoor dat Ilona en C° hadden laten weten.

Dit leek ook voor de rechter geen reden om me hiervoor vast te houden, daar dit geen feiten van nu, betreffende deze collocatie waren.

De psychiater wenste me het beste, en ik bleef kalm. Opnieuw zat ik mijn verstand op nul, smeet haar een glimlach toe, en hield me hoffelijk.

In werkelijkheid kon ik alleen maar denken wat een kreng ze was, en hoe ze iedereen over dezelfde schreef trok. Iedereen een nummer, iedereen in de psychiatrie, iedereen gek.

Nadien ging ik buiten op het terras, en trakteerde iedereen een blikje colalight, want veel meer keuze was er niet.

Dit deed ik met de tien euro die Ilona in mijn portefeuille had gestoken, want geld van Ilona, noch die sigaretten, noch die koeken wou ik niet.

Brigitte, die me had gebeld om de uitslag te horen, de beslissing, was enorm blij voor me, en stelde voor me te komen ophalen. Maar even te voor had ik mijn ex-vrouw al getelefoneerd, en gevraagd of ze mij niet kon komen bijhalen.

Daar Benny werken was, en ze pas daarna kon komen moest ik nog eventjes geduld oefenen.

Brigitte stelde me voor om toch af te komen, en als ik wou dat ik voor het weekend naar haar thuis mocht gaan, om te ontvluchten aan de waarheid thuis. Een kale woning, waar vele spullen waren ontvreemd, en waar ik op de boerenbuiten zonder enig vervoer zou vast zitten.

Ik liet haar weten dat ik eigenlijk op hotel wou gaan, dat ik voor mezelf moest leren zorgen. Dat ik gewoon moest geraken aan de eenzaamheid.

'Dat kan je na het weekend nog doen' liet ze me weten.

Even later, vroeger dan verwacht stond Benny er, nog in zijn werkkleding. Hij liet me weten dat Els, en zijn dochter in de auto wachtte. De fax die mijn vrijlating bevestigde was al binnen gekomen.

Hij zei me dat ze er eerder waren dan verwacht, daar Els naar zijn werk was gereden, en hij zodoende niet eerst naar huis had moeten gaan. Daar hij in de bouw werkt, en ze aan een bouwproject bezig waren, niet ver van het gekkenhuis, was het mogelijk geweest zo snel tot bij mij te komen.

'Je hoeft hier geen minuut langer te zitten dan nodig hé' liet hij me weten.

Onder streng toezicht van de meest droge verpleger van de ganse afdeling mocht Benny me vergezellen naar mijn kamer.

Normaal was het niet toegestaan een buitenstaander binnen te laten, buiten dan natuurlijk in de moderne gang en vergaderzaal, maar daar ik een poot af heb, en ik heel moeilijk twee volle zakken bagage kon dragen mocht het wel.

De ondertussen onvriendelijk geworden begeleidster uit het Limburgse; Waarschijnlijk mooi vanbuiten, maar haatvol van binnen was diegene die de deur open maakte nadat ik 'collega's' die er nog veel langer dan ik moesten opgesloten blijven had gegroet.

'Eindelijk de vrijheid!' Riep ik duidelijk toen ik de eerste vrije lucht opsnoof. Goed luid zodat de verpleegster het kon horen, ook al had deze me in die zware week laten weten dat het daar geen gevangenis was, en ik het zeker zo niet mocht aanzien. Ondanks het feit dat mensen bij de minste tegenstrijdigheid er met vier verplegers werden vastgegrepen, en er voor een vierentwintig uur, wel te verstaan platgespoten in een akelige cel werden opgesloten, deed me wel eerder denken aan een gevangenis.

Mijn vrijheid had ik terug. Tegen de man die zijn zoon had verloren in een drugszaak had ik nog laten weten

'Als ik uit deze hel zal zijn, dan zal pas de echte hel beginnen'. Ik stapte in de auto, en werd naar huis gereden.

Hoofdstuk 8
Een weekend bij Brigitte

Wanneer ik een uur later, de nieuwe sleutel in het nieuwe vervangen huisslot kon steken, en de deur opende, wist ik dat wat ik te zien ging krijgen, me zeker geen goed zou doen.

Voorzichtig ging ik binnen, keek rond in de woonkamer, zo doorwandelend naar mijn bureau, om tot slot naar de eerste verdieping te gaan van onze nieuwbouw woning, en daar inde kamers te constateren dat Frederique' s kamer zo goed als volledig weg was, in onze kamer mijn muziek installatie en mijn driehonderd dvd films weg waren. Terug naar beneden gaande, voorzichtig de trap af dacht ik aan hoe enkele dagen voorheen, tijdens mijn opsluiting hier mensen hadden gelopen. Dieven, met allerlei materiaal waar ik aan hield. Zaken die van mij waren, die wie weet waar, nu ergens waren verstopt.

Ik zat me in mijn bureau. Op de plaats waar mijn computer steeds had gestaan. Hoe meer ik rondkeek, hoe meer ik besefte dat er veel meer weg was dan gedacht.

Bij elke glimp die ik deed, ontdekte ik telkens iets nieuw dat weg was.

In de woonkamer hing nog de grote kader met daarin de geboortefoto van mijn oudste zoon Yannick. Ik vroeg mijn ex-vrouw deze mee te nemen, want ik wou echt niet dat deze foto me zou gestolen worden. Ik wachtte op de komst van

Brigitte, die reeds onderweg was, en daar ik voor het weekend naar haar thuis zou gaan, desondanks het slot thuis was veranderd, had ik toch zoiets van 'ook al is er een nieuw slot, neem die kader mee, want je weet maar nooit…'
Even later vertrok mijn ex-vrouw, wenste me samen met haar echtgenoot het beste toe, bedankte hen om me thuis af te zetten, en wachtte op Brigitte.
Deze was al op weg naar mijn dorp, maar liet me per sms weten dat het verschrikkelijke druk op de baan was.
Ik nam een stoffen zak, stak er wat schrijfpapier in, mijn dagboek, een hoop postzegels, een klein kadertje dat ik voorheen van Ilona had gekregen met daarop de tekst 'Wordt oud met mij, het beste komt nog', enkele cd-rom' s waar de volledige inhoud van mijn gestolen computer op stond, mijn bril, en een zakhorloge van de *Queen Mary 2* uit zilver, die ik van Ilona haar ouders had gekregen. De tijd dat Brigitte kwam naderde traag. De file op de ring van Brussel hield haar op, en daar ze van een heel stuk achter deze stad moest komen, kon het nog wel even duren eer ze bij me zou zijn.
Hoe langer ik in ons huis was, een huis waar ik eerst zo graag had gewoond, hoe meer ik het verafschuwde er te zijn. Ik zag enkel spookbeelden voor me. Mensen, familie, vrienden die nu als dieven in de nacht hier alles hadden meegenomen, buiten gedragen, terwijl ik veilig

opgesloten zat, goed wetende dat ik niets kon doen, en niet kon stoppen.

Zeker was ik dat ik nooit nog in dit huis wou wonen. Hier was te veel gebeurd. Hier zou ik steeds herinnerd worden aan al die feiten. Dit moest ik in ieder geval achter me laten.

Wanneer een tweetal uren later Brigitte aanbelde, had ik een kleine zak met bagage klaargezet. Net genoeg om een weekendje met propere kleding toe te komen.

We namen wat eten mee dat thuis nog lag; Vooral blikken voeding, die anders toch geen nut meer hadden. Wanneer we even later in de auto stapte, en richting Oost-Vlaanderen reden, was ik opgelucht deze plaats achter me te laten.

Wanneer we even later hevig moesten doorremmen voor een auto die voor ons bruusk stopte, gebeurde er iets grappigs.

Alle voeding uit blik en pot die achteraan in haar auto lagen opgestapeld vlogen als het ware naar voren, en kwamen op haar kinderen, en op ons terecht.

Wanneer we even later door konden rijden nadat al dat eten weer deftig was gestapeld, belande we in de fille op de ring van Brussel. Het duurde haast drie uur om een tachtigtal kilometer af te rijden naar de stad waar ze woont in Oost-Vlaanderen.

Hier aangekomen kreeg ik een tasje koffie. Eindelijk deftige koffie, en niet het afgietsel dat ik die ganse week in de psychiatrische instelling had moeten slikken.

Ik liet haar weten dat ik me ergens een indringer vond, en of het echt niet beter was om me naar een hotel te brengen.

Brigitte liet weten dat ik al genoeg had meegemaakt nu, er me genoeg werd aangedaan, en ik van harte welkom was bij haar. Dat ik nu zeker niet in de eenzaamheid van een hotelkamer moest gaan zitten, dan zou ik volgens haar alleen maar nadenken over dingen die ik nu beter even kon laten rusten.

Brigitte als vrijgezel, met twee kinderen, en ik als achtergelaten vent, dat leek me toch geen goed idee.

'Wat moeten de mensen wel niet denken?' vroeg ik.

'Hoezo?' liet ze weten.

'Ik hier bij jou, jij die je bed afstaat aan mij, en bij je kinderen op de kamer gaat slapen in een stapelbed'

'Ja, en?'

'En?' vervolgde ik, 'dat is toch niet gezond, ik hoor niet in jou leven in te dringen. Moest ik nu nog een vrouw zijn geweest, o.k., tot daar toe, maar ik ben een alleenstaande man, die bij een alleenstaande vrouw logeer'

Ik mocht me dit echt niet aantrekken, zei ze me daarop.

Ze deed het met veel plezier, haar bed afstaan, en zelf op een klein éénpersoons bed kruipen.

Die avond vertelde ik over alles wat ik had meegemaakt. Ik vertelde over de zeven jaar met Ilona; De goede en de slechte tijden.

Ik liet haar weten dat ik het ongelooflijk vond, hoe ik op twee zondagen na elkaar, twee vrouwen was verloren.

Twee vrouwen die eerst voor me vochten; Me allebei wilde, en dat ik nu ten slotte niemand meer had.

Hoe ik die laatste zondag nog tegen Ilona had gezegd

'Er is een spreekwoord dat zegt: Als twee honden om één been vechten, gaat er vaak een derde mee lopen…'

Ik voegde er persoonlijk nog aan toe

'Of heeft geen van beide honden dat been'

Ik was het been, en de honden waren Ilona en Christine…

Brigitte deed haar uiterste best voor me, belde een chinees restaurant dat even later aan huis de bestelde maaltijd liet brengen.

Ik heb die avond verschrikkelijk veel gehuild. Een mengeling van emoties.

Enerzijds was ik gelukkig vrij te zijn, wetende dat Ilona er zo zeker van was geweest dat ik die week niet zou vrij gekomen zijn, en ze nu zeker ergens, waar ze ook zat, heel teleurgesteld zou zijn in mijn vrijlating. Anderzijds de emoties van het complete gebeuren; De stress, en het verdriet rond Christine, en rond Ilona. De pijn om het verlies van mensen, vrouwen, waar van ik dacht dat ze me echt graag zagen,...ooit.

Ik kon nog steeds niet snappen waarom Ilona me op dergelijke manier had achtergelaten. Gewoon weggegaan zonder het uit te maken in m' n gezicht, en niet lafweg.

Waarom ik zo stom was geweest niet in Christine te geloven.

'Als ik dit die zondag had geweten' haalde ik aan tegen Brigitte, 'Dan had ik voor Christine gekozen'

Toch bleef er ergens in mijn hoofd het idee rondspoken dat niet Ilona alleen in staat was me op dergelijke vreselijke manier achter te laten.

Dit was niet de Ilona die ik kende. De vrouw die ik kende was te dom om dergelijke zaken te doen, me te beroven, en zo laf weg te gaan.

Daar mijn gsm toestel nog steeds in beslag was genomen had ik die avond thuis nog een oud toestel gevonden, en twee ongebruikte sim kaartjes die ik had meegenomen.

Ik liet via dat nieuwe nummer weten aan Els dat alles o.k. was, dat ik enorm goed was opgevangen, en dit het voorlopige nummer was waarop ze me konden bereiken.

Ik nam papier, en schreef die avond een enorme lange brief naar Christine. Ik schreef haar over wat ik had meegemaakt, ergens in naam van onze vervlogen liefde, of anders gezegd, door de oorzaak van die liefde.

Ik liet haar alles in detail weten, de ganse week die ik had meegemaakt, en dat ze zelf de schuldige was in het feit hoe haar ouders over me dachten. Zij was het ten slotte die mij had gezegd dat haar vader haar sloeg, en indien dat niet zo was, dat het dan ook normaal was dat hij me als een boze indringer aanzag.

Ik eindigde de brief met de woorden dat ik niet boos op haar was; Minder in haar teleurgesteld was dan in Ilona, want dat zelfs zij zo niet tekeer met me ging als mijn eigen vrouw, en dat ik haar het allerbeste wenste. Dat ik haar als een soort van vriendin aanzag, en ze me steeds kon schrijven. Of deze brief bij haar persoonlijk ging aankomen, of eerst door de ouders zou worden gelezen, dat wist ik niet. Ik kon alleen maar hopen dat zij de brief ook te lezen kreeg.

Wanneer ik na dit schrijven mijn dagboek invulde, en nogmaals het ganse gebeuren neerpende over die vervloekte week, kreeg ik alsmaar tranen. Tot ik huilend in slaap viel, op de rand van het grote tweepersoonsbed.

De ochtend nadien voelde ik me een wrak. Ik wist dat ik bij Brigitte slechts voor het weekend was, en dat ik echt niet langer als indringer, zo zag ik mezelf, in haar appartement en leven kon blijven.

Ik kreeg een tasje koffie, zag hoe gelukkig en onschuldig kinderen zijn, hoe ze zich amuseren, en nog niets van de grote mensen wereld moeten aantrekken, toen ik haar kinderen hier zag spelen.

Op dat moment zou ik zo terug willen gekeerd zijn naar mijn kindertijd. Die onschuldige tijd dat mensen nog vriendelijk met je omgaan, je niet willen vastzetten, je niet bestelen.

Om mijn gedachte te proberen te verzetten nam Brigitte me mee naar een groot winkelcentrum, wetende dat ik enorm graag winkel.

Maar al snel kwamen de tranen rollend over m'n wangen toen ik al die gezinnen zo gelukkig met hun kinderen er rond zag wandelen.

Ik moest denken aan mijn kinderen, aan de eerste schooldag die weldra voor onze kleine Frederique zou aanbreken; Een schooldag die ik als papa niet kon meemaken.

We gingen wat drinken, bestelde een pintje, en begon te vertellen over hoe een fijne week het normaal gezien had moeten worden.

'Wanneer dit alles niet was gebeurd' vertelde ik tegen Brigitte, 'Dan was Frederique nu bij zijn oma en opa geweest, Yannick bij zijn mama en Benny, en waren wij voor een weekje weggeweest...'

Dat was al lang het idee geweest dat Ilona en ik die bewuste week er is op uit getrokken waren. In plaats daarvan was ik er alleen op uitgetrokken, alleen in een oude kliniek, een instelling voor mensen die meestal de 'vogeltjes' zien vliegen. Planten, vaak plant geworden door de maatschappij.

Maar dat was nu niet zo. Ik was alleen, en op één been, gehandicapt, niet al te knap, was het sowieso niet makkelijk om terug een vrouw te vinden ooit.
Niet dat dit mijn bedoeling was, want ik had ook over dat onderwerp al nagedacht, en de enige conclusie die ik eruit had kunnen trekken was dat ik zeker een jaartje alleen wou zijn. En misschien nog langer.
Ik herinnerde me de woorden van een goede vriend, die me ooit vertelde
'Alex, ik ben homo, maar als je moest weten wat je met een vrouw kan meemaken, dan zou je begrijpen dat ik echt niet meer voor een vrouw zou kiezen…'
Was het dan inderdaad zo dat er vele homo's en lesbiennes waren ontstaan door vele partner problemen, zodoende dat men voor een bepaald geslacht haatgevoelens kreeg?
Ik stopte al snel dit denk onderwerp. Mezelf ooit bij een man zien samen wonen, nee dat kon ik echt niet in mezelf terugvinden.
Na het winkelen vroeg ik aan Brigitte om met mij langs een telefoonwinkel te rijden. Ook ik kon beter nu reeds beginnen orde op zaken te stellen.
Het eerste dat daarbij in me opkwam was het opzeggen van de telefoonnummers thuis, die op mijn naam stonden.
Het deed pijn de formulieren te ondertekenen. Drie formulieren die de drie lijnen definitief lieten stil leggen.

Ook hier ging ik met vochtige ogen de deur uit, mijn tranen proberend te bedwingen, denkend aan wat die verkoopster anders wel niet had gedacht.
'Wie huilt er nu bij het opzeggen van z'n telefoonlijnen…'
Uiteraard niet wetend welke andere zaken hierachter schuilen.
Hoe Ilona me ook had geslagen, me had verwond, haast onherstelbaar; Door al het gebeuren mishandeld;
Toch had ik ergens zo een idee van
'Alleen zij kan me zeggen wat er is gebeurd'
Ik dacht eraan dat Ilona misschien wel zonder belkrediet zat, en me daardoor nooit meer had terug gebeld.
Ik kocht een oplaadkaart, ééntje voor haar, en ééntje voor mij, voor dat tweede gsm nummer dat ik thuis had gevonden, maar nog niet had gebruikt.
Bij de thuiskomst laadde ik de ongebruikte kaart op, en dacht eventjes na wat ik er kon me doen, hoe ik Ilona het beste kon naderen.
Rechtstreeks, persoonlijk contact nemen leek me geen goed idee.
Misschien was ze echt wel vol haat tegenover me, en zou ze bij het minste dat ze wist dat ik het was, het contact verbreken.
Ik bedacht een valse naam te gebruiken. Zogezegd een vrouw te zijn, en me voor te doen als een zekere Patricia. Een studente psychologie, en een Internet vriendin van Alex, van mij.

De eerste sms die ik verstuurde was vrij hard.
'Ben jij die vrouw die Alex zo laf heeft laten vallen, en daarbij gans zijn huis heeft leeggeroofd, en ervoor heeft gezorgd dat hij een week in het gekkenhuis zat?'
Uiteraard kreeg ik daarop geen antwoord. Toch niet in de vorm van een gewoon bericht.
Even later kreeg ik wel een automatisch bericht binnen
'Mijn belkrediet is op... bel me a.u.b. op...'
Hierbij wist ik dat haar belkrediet op was.
Ik stuurde een nieuw bericht, met daarin gevoegd het oplaad nummer dat haar nieuw belkrediet zou bezorgen, en liet haar weten dat ik dit enkel deed als ze me zou antwoorden.
Een tiental minuutjes later, nadat het haar eindelijk was gelukt schreef ze terug
'Wie ben jij?'
'Ik ben Patricia, een vriendin van Alex, en studente psychologie, en ik ben van Hasselt'
Ik liet weten dat 'Alex' er helemaal onderdoor zat, dat hij op een hotel zat, en dat hij niet begreep waarom ze hem alleen had gelaten, terwijl hij zelf voor haar had gekozen.
'Hij heeft me veel aangedaan de laatste tijd'
'Maar hij had wel voor jou gekozen, en Christine laten vallen voor jou'
Weer bleef het even stil.
'Hij wil weten waarom je hem hebt bestolen' stuurde ik even later door.
'Dat was ik niet, Ricardo zat achter alles'

Wat ik altijd had gedacht, dat Ilona niet slim genoeg was om heel dit gebeuren alleen te beramen kreeg ik nu van mijn eigen vrouw te horen. Alleen dat ze niet wist dat ik het was aan de telefoon.

'Waarom ben je dan failliet gegaan?'

'Ricardo vertelde me dat het beter was de boeken toe te leggen, daar hij er zeker van was dat Alex me niet meer zou helpen'

Dat Ricardo daar zeker van was, en waarom dat antwoord kreeg ik ook

'Alex denkt dat ik hem heb laten colloceren, en dat is niet waar.'

'Waarom ben je Alex niet gaan bezoeken?' was mijn volgende vraag.

'Omdat ik bang was dat hij dacht dat ik hem daar had laten opsluiten, en dat is niet waar' kreeg ik hierop te horen.

Ik liet weten dat 'Alex' niet meer in België wou blijven, en van plan was om naar het buitenland te vertrekken, naar Frankrijk, om daar een nieuw leven te beginnen.

Ik hoopte op een antwoord als 'Oh Nee, houd hem a.u.b. tegen!' maar het antwoord was:

'Wens hem het beste, en dat hij een nieuwe vrouw zoekt, ik weet dat hij niet alleen kan zijn'

Ontgoocheld in dit antwoord stuurde ik:

'Hou je dan niet meer van hem?, wil je hem niet meer?'

Nogmaals kreeg ik te horen onder m'n valse identiteit 'Patricia' dat er te veel was gebeurd, en ze pas na een tijd terug contact wou, dat ze eerst tot haar positieven moest komen, en nu een hard leven zou hebben door dat faillissement. Dat haar ouders haar hadden aangeraden te gaan werken, en dat ze van heel weinig zou moeten leren leven.

'Alex zou je nooit laten vallen hebben, dat heeft hij jou toch zelf gezegd' liet ik weten, en vervolgde:

'Ik ga hem nu naar het station brengen, zodat hij de trein kan nemen naar Frankrijk…', dit met de hoop dat ze toch zou zeggen 'Nee, houd hem tegen'

Maar dat gebeurde totaal niet. Het bleef stil.

Een uurtje later, kreeg ik een bericht binnen, met de vraag of ik haar wou bellen. Dat kon ik uiteraard niet doen, want dan zou ze geweten hebben dat ik me voordeed als een niet bestaande Patricia, en zou heel mijn opzet mislukt zijn.

'Waarom mag je man je niet bellen?'

'Ik kan hier geen telefoons opnemen van hem, ze willen niet dat ik nog contact met hem heb'

Die ze, dat sloeg op de personen waar ze bij logeerde. In de eerste plaats dacht ik aan Ricardo. Dat ze bij die geslepen schelm zou verblijven.

'Ik zit niet bij Ricardo, ik mag niet zeggen waar ik zit' verklaarde ze even later.

Maar er kwam een positief antwoord op het bellen 'Morgen kan hij me bellen, in de namiddag, dan ben ik hier alleen'

Daarbij stopte die dag de talrijke sms berichtjes onder het pseudoniem Patricia.

Ik vertelde Brigitte over de berichten, de vragen en de antwoorden. Ik liet weten dat Ilona me had gezegd dat Ricardo de grote boosdoener was achter het ganse gebeuren, en niet Ilona. Dat ze gewoon werd meegesleurd in zijn denkwereldje, en hem trouw volgde in zijn wensen en strenge bevelen.

Dat Ilona bang was van Ricardo wist ik al langer. Ook zij kende hem als een *vechtersbaasje* dat op jeugdige leeftijd reeds vaak met de politie in aanmerking was moeten komen.

Die avond was opnieuw een huil avond. Terwijl Brigitte vrienden op bezoek kreeg, hield ik me gedeisd, haast asociaal aan de tafel bezig met het schrijven van mijn dagboek.

Ik schreef over hoe ik verkeerd had gedacht over Ilona, en haar alle schuld van dit gebeuren had gegeven.

Ik dacht over hoe Ricardo die bewuste zondagavond haar zou gezegd hebben dat ze mee naar de politie moest gaan, en haar zodanig in alles meesleepte.

Dat er thuis zoveel weg was, dat had ze vast gedaan om die dingen te verduisteren, te verkopen, en op die manier toch iets geld te hebben, zeker nu ze de gedachte had dat ik haar financieel zou laten vallen.

De echte opheldering kwam pas die zondag.

Wetende dat het zondag was, en de twee zondagen voordien telkens een hel waren geweest, was ik nu iets meer gerustgesteld dan de zondagen ervoor. Een vrouw opnieuw verliezen kon ik niet, ik kon er enkel één terug winnen.

Wanneer ik die zondagochtend wakker werd, zag ik op de gsm dat Ilona me reeds had willen contacteren. Niet mij, maar Patricia… Ze had geschreven dat ze, de niet bestaande Patricia goed op me moest kijken, ze vroeg hoe het met de wonde op m'n arm zou zijn, en dat ik vanaf veertien uur kon bellen.

Na het opstaan belde ik een goede vriendin van me op. Een dame die vroeger de beste vriend van mijn aan kanker overleden broer was, en na zijn dood een heel goede vriendin van mij werd.

Cornelia, die steeds openstond voor vragen en problemen, en die ik zelf vaak had geholpen in het verleden luisterde naar het gebeuren van de afgelopen weken. Maar daar het gesprek te lang zou worden, stelde ze zelf voor om met de trein naar mij af te komen.

Brigitte haalde haar toen die middag af aan het station.

Toen ze aankwam en ik het ganse verhaal uit de doeken had gedaan, kon ze ook niet geloven dat alleen Ilona achter dit alles zat.

Cornelia hield aan hoe ook zij destijds haast hetzelfde had meegemaakt, dat ze maar al te goed wist hoe politie en democratie er in ons land aan toe ging.

Verder vertelde ze me ook dat Christine niet zo een schatje was, en me tegenover Cornelia *zielepoot* had genoemd.

'Jongen,', zoals ze me steeds noemt, 'Ik heb je altijd gewaarschuwd voor die *langharige tekkel*', de bijnaam die een vriend van me ooit uitvond voor Ricardo.

'Ja Cornelia, ik weet het'

'Die gast is echt niet te betrouwen hoor, je ziet het nu zelf wel'

Dat was ook zo, Cornelia had mij, en ook Ilona heel vaak gewaarschuwd voor Ricardo. Hij had vele politievriendjes, en aan al zijn sterke verhalen die hij ons ooit had verteld, hadden we inderdaad moeten weten dat die ziekelijke geest tot zowat alles in staat was.

Ik herinner me nog verhalen die hij thuis met fierheid kwam vertellen. Hoe hij ooit karbonade had gemaakt maar met blikken hondenvoedsel in gemengd; Hoe hij ooit in de stad flessen badschuim was gaan gieten in de fontein zodat deze even later over schuimde, en de brandweer moest komen om deze leeg te pompen; Hoe hij ooit iemand zijn gezicht had opengeslagen, een zatlap die niet wist wie het had gedaan, en hij dan de schuld op iemand anders had gestoken; Hoe hij al jaren moest betalen voor iemand die hij had geklopt; En hoe hij onlangs een huiszoeking had gehad in een zaak betreffende kinderporno'

Niet dat ik van dit laatste iets geloofde, maar alle andere feiten die hij zo was komen vertellen waren genoeg om te verstaan wat Cornelia me duidelijk wou maken.

De tijd om Ilona te bellen was ondertussen aangebroken.

Wat ik als eerste zin ging zeggen wist ik niet. Het deed zelfs raar om naar mijn eigen vrouw te bellen, ook al was ik zeven jaar mee samen geweest.

'Ilona?' vroeg ik, een domme vraag, goed wetende dat het niet Christine was die opnam.

'Ja'

'Wat is er toch allemaal gebeurd?, waarom ben je me niet komen bezoeken?'

'Ik had geen geld om tot bij je te komen, en ik had schrik omdat je dacht dat ik jou gecolloceerd had'

'Ik weet wel dat het jou fout niet is, of toch dat ik dat niet zo erg vind, maar wel dat je thuis alles weggehaald hebt'

'Dat heb ik niet', liet ze me weten, 'Ricardo zei me dat ik dat moest doen, dat hij dat allemaal ging verkopen, je fototoestel dat je van Christine had gekregen in Frankrijk, daar heeft hij trouwens al een koper voor'

Ik hield erg aan dat ene fototoestel dat ik van Christine had gekregen. Toen ik die vrijdag was thuisgekomen vond ik het ook verschrikkelijk dat dit was verdwenen.

'Het spijt me zo Alex...' vervolgde Ilona.

'Gaan we terug samen, en waar zit je nu?'

'We kunnen nu niet terug samen gaan Alex, er is veel gebeurd met die Christine, die heeft ons

helemaal kapot gemaakt, en ik mag je ook niet meer zien.'
'Maar waar zit je dan?, bij die smeerlap vaneen Ricardo?'
'Nee ik zit niet bij Ricardo'
Ilona liet niet weten waar ze zat. Wanneer ik vroeg 'Bij je ouders thuis dan?' ontkende van niet.
'Frederique is bij me, en hij maakte het goed'
Ik liet m' n tranen de vrije loop toen ik even later Frederique aan de telefoon te horen kreeg.
'Kom toch terug bij mij' smeekte ik Ilona die even later weer zelf aan de hoorn kwam.
'Er is veel gebeurd Alex, ik mag niet terugkomen, ik mag je niet zien, ik mag je ook niet zeggen waar ik ben, mijn ouders weten alles, en Ricardo heeft gezegd dat je mij komt vermoorden'
'Wablief?, ik kom jou vermoorden ???'
Ik was enorm verschoten van de woorden die ik nu te horen kreeg. Ik en moordenaar van mijn eigen vrouw? Dit was me te gek.
'Ik wil je niet vermoorden, ik wil met jou verder gaan, ik had voor jou gekozen, dan kan je me nu toch niet zomaar laten vallen !' riep ik huilend.
'Zeg me dan ten minste waar je zit!'
Even aarzelend, en dezelfde vraag enkele malen opnieuw te moeten stellen, kwam eindelijk het antwoord
'In Gent'
'Wat doe je daar?, bij wie ben je dan?'
'In het vakantiehuisje van m' n ouders'

'Laat me je dan komen bijhalen Ilona' smeekte ik, met de hoop dat ze erop in zou gaan.
'Ik betaal al je schulden, als je terugkomt' voegde ik er aan toe, en meende dit ook.
'Wie zegt me dat je dat gaat doen als ik terugkom?' vroeg ze me.
'Je kent me toch Ilona!' antwoordde ik.
Even stil, en daarna nam ik het woord weer:
'Laat me jou nu komen bijhalen, ik heb voor jou gekozen vorige week, laat deze zondag nu is een goede zondag zijn'
'Mijn ouders en familie hebben zoveel voor me gedaan, die gaan nooit nog iets met me te maken willen hebben, en Ricardo gaat me zeker vermoorden'
'Hoezo, Ricardo gaat je vermoorden?', vroeg ik.
'Ja, dat heeft hij gezegd, als ik ooit terug bij jou zou beginnen, dat hij me dan kwam kapot maken'
'Ricardo is gek, weet je nu nog niet wat hij ons allemaal heeft aangedaan?' antwoordde ik hierop, en vervolgde:
'Laat me dan tenminste naar jou komen, om te praten'
Ilona dacht vast nog aan het feit dat ik haar ging vermoorden, zoals ze hadden gezegd, en zei tenslotte dat ik alleen mocht gaan als Brigitte er ook bij was. Alleen wou ze en durfde ze me niet te zien.
Waar ze juist in Gent zat wist ze niet, ze wist de straatnaam wel, maar hoe er naar toe rijden, dat wist ze totaal niet.

Haar moeder had een klein plannetje getekend die dag, zodat Ilona de weg kon terugvinden naar een zelfbedieningsrestaurant dat vlak bij zou liggen. Daar de ouders naar een feest waren, en Ilona alleen was achter gebleven kon ze nu vrij telefoneren.
Cornelia besloot om op de kinderen van Brigitte te passen, en met hen in een nabijgelegen frituur wat te gaan eten. In rep en roer vertrokken Brigitte en ik naar het Gentse. Alle tijd hadden we niet, want we moesten die plaats nog zoeken in een drukke stad, wetende dat de ouders van Ilona die dag, slechts enkele uurtjes later al terug bij haar zouden zijn.
Op weg naar Gent sms' te Ilona me nog
'Elk half uur belt afwisselend mijn zus, en elk ander half uur belt mijn moeder, om na te gaan of alles in orde is met me, zo wordt ik gecontroleerd.'
Enkele malen sms' te ze me ook:
'Ik ga wel niet mee met je Alex, het is echt om gewoon te praten, beloof me dat je niets doet om me mee te krijgen'
Dat beloofde ik ook.

Hoofdstuk 9
Ontsnapping uit Gent

Wanneer we in het Gentse aankwamen, en volgens het plan vlakbij Ilona waren, zat Brigitte me reeds af kort bij de markt, waar ik met Ilona had afgesproken.

Het stuk dat ik nog moest wandelen was langer dan verwacht. Daar ik me zo had gehaast om naar Ilona te vertrekken, was ik ook mijn kruk vergeten, en ging het wandelen veel moeilijker.

De afstand naar de markt bleek een goede kilometer te zijn, waar ik na vele pauzes aankwam.

Brigitte liet me per sms weten dat ze nog steeds parking aan het zoeken was.

Een andere sms kwam van Ilona die liet weten dat ze op weg was naar de markt.

Toen we allebei op de markt waren, en aan de kerk stonden waar we hadden afgesproken, bleek Ilona aan de andere kant van deze kerk te staan. Ik legde haar uit waar ik stond, vlak bij een kiosk, en tien minuutjes later zag ik ze in de verte aankomen.

Het eerste idee dat ik kreeg was dat ze er vrij gelukkig uitzag, dat ze ook niet van plan was om mee terug te gaan bij me. Het tweede idee was dat ik met haar wat zou gaan drinken, als ze dat wou, en dat ik dan weer met Brigitte, zonder haar, zonder mijn jongste zoon naar huis zou gaan.

Ik was blij haar te zien, ondanks er erge feiten waren gebeurd, ondanks Ricardo de hoofdzaak

was, en niet zij. Maar steeds dacht ik aan die woorden die vele mensen al hadden uitgesproken:
'Ook al zit Ilona hier niet achter, toch had zij makkelijk dit alles kunnen tegenhouden door simpelweg neen te zeggen...'
Ik gaf haar een kus, pakte haar dik vast, waarbij ze precies even verschoot, alsof ze bang van me was.
Ik nam Frederique op, drukte hem dik tegen me aan, en was zo blij m' n jongste kind terug te zien.
'Gaan we iets drinken?', vroeg ik aan Ilona.
'Ja, maar we moeten nog iets gaan eten, Frederique heeft nog niets gegeten...' liet Ilona horen.
'Dat kan je erna nog gaan doen, ik blijf niet zolang, ik kom zoals beloofd gewoon met je praten' antwoordde ik.
'We wandelde naar een nabijgelegen markt café, gingen er binnen, en liet ondertussen Brigitte weten waar we zaten.
'Brigitte is nog steeds parking aan het zoeken' liet ik weten toen Ilona me vroeg waar deze was.
Ik vertelde tegen Ilona dat ik het niet goed begreep dat ze op dergelijke manier bij me was weggegaan, en dat ik voor haar had gekozen.
'Ja, maar dat was echt een vreselijke week toen voor me', liet ze weten.
'Vreselijk, o.k....' antwoordde ik, 'Maar heeft je vriendin Yvonne niet zelf gezegd dat ik tijd nodig had om dit te verwerken, en dat je verliefdheid niet in de hand hebt ?'
Ilona bevestigde dat het zo was.

'Wat ga jij doen?' vroeg Ilona me nadat ik eendrankje voor ons had besteld.
'Ik ga alleen wonen, maar eerst nog wat op hotel om te bekomen'
'En die Patricia?'
Daar was de vraag die ik toch ooit sowieso ooit had te horen gekregen.
Ik legde haar uit dat ik Patricia was, maar dat ik dit zodanig had gedaan omdat ik niet zeker was of ze bij mij nog contact wou naargelang wat ik allemaal over haar had vernomen.
'Ik dacht dat het weer én of ander nieuw lief was van je, en je daarmee zou verdergaan'
Ik moest even lachen om deze reactie, en liet haar de gsm zien met al haar berichtjes op, en de berichtjes van die Patricia.
'Zie je nu?' Vroeg ik, 'Ik ben Patricia'
'En wat ga jij doen?' Vroeg ik haar toen.
'Ik vind Gent wel leuk, en ik zou graag hier in dat huisje van mijn ouders wonen'
Ze keek me aan, en vertelde verder:
'Maar het gaat een moeilijk leven worden, nu met dat faillissement. Mijn zus haar echtgenoot heeft me gezegd dat ik amper vijftig euro de maand ga hebben om van te leven…'
Nu was het mijn beurt om haar aan te kijken, en het woord over te nemen.
'Ik heb je steeds gezegd dat ik je zou helpen, ook al had ik toen voor Christine gekozen, en niet voor jou…'
'Ricardo zei me…'

'Ricardo, ja daar moet je alles van geloven' Onderbrak ik haar, 'Die bandiet heeft ons ver genoeg gekregen'
'Ik wist zelfs niet eens dat ik mijn faillissement ging tekenen' vertelde ze me toen.
'Hoezo?'
'Ja, hij had me meegenomen naar Leuven om mijn zaak te stoppen, maar dacht dat ik gewoon de handel ging stoppen… achteraf vertelde Ricardo me allerlei dingen die er gingen gebeuren waaruit ik kon opmaken dat ik niet zo maar de zaak had gestopt, maar mijn eigen faillissement had getekend'
'Jezus Christus, wat een klootzak!' riep ik het uit, wel zodoende dat niet iedereen in die taverne me kon horen.
'Mijn ouders geloven alles van Ricardo, ze weten alles ook over die Christine' vervolgde Ilona.
'Wat kan mij dat nu schelen' zei ik, 'Voor mijn part weet heel de wereld het, je weet hoe ik daarover denk; Ik trek het me niet aan wat mensen van me denken'
'Mijn ouders doen verschrikkelijk…' sprak ze.
'Hoezo verschrikkelijk?, je kiest toch zelf om bij hun te zijn!?'
Ze vertelde haar verhaal van die week.
Hoe de man van haar zus haar een opdonder had gegeven, de les had gespeeld, en haar zus uit de auto wou springen, en ze haar hadden moeten tegenhouden. Nog iemand die beter dan ik zou gecolloceerd worden dacht ik toen.

Hoe haar moeder haar verplichtte om haar te bukken wanneer ze naar het toilet ging, want dat ze door een kogel kon geraakt worden doorheen het venster.
'een kogel?' vroeg ik.
'Ja, Ricardo had verteld aan mijn ouders dat je me zou komen vermoorden'
'Op een nacht moet er een dakpan door de wind bewogen hebben' vertelde Ilona verder 'Toen dacht mijn moeder dat jij het was, en dat je ons allen wou komen ombrengen.
Ik moest hier eventjes hartelijk om lachen
'Op mijn ene been zeker?' vroeg ik haar.
'ja, dat heb ik mama ook gezegd: Alex gaat hier niet op zijn prothese het dak opklimmen hoor'
Ik kende de moeder van Ilona maar al te goed. Hoe ze in alles en nog wat kon overdrijven. Van een mug een olifant maken, zoals het spreekwoord zegt.
Ik herinner me nog een dag toen de moeder thuis was op bezoek toen Ilona en ik pas waren verhuisd, het bed nog niet in elkaar stak, en ze de matras op de grond zag liggen.
'Ik zou toch maar oppassen met dat op de grond slapen hoor' zei ze.
Ik vroeg 'Waarom dat?'
Het antwoord dat ik toen kreeg meende ze
'elke mens verliest 's nachts twee liter zweet'
Ik heb toen mij moeten inhouden, dat ik daar geen bulderende lach zou losgelaten hebben.

'als dat inderdaad zo zou zijn, dan moeten we toch oppassen dat de kamer geen zwembad worden zal' had ik er destijds op geantwoord.

Overdrijven in alles en nog wat, en vooral de fantasierijke, haatvolle verhalen van *broer* Ricardo geloven en slikken. Zo was het nu volgens Ilona, en dat had ik eigenlijk moeten weten.

'Dus, we herbeginnen niet samen?' vroeg ik haar een laatste maal.

Ze zei niet neen of ja, maar wel

'Ik kan m'n ouders dat niet aan doen, ze spreken nooit nog tegen me, en geloof me, Ricardo die komt me echt van kant maken, dat heeft hij zelf gezegd'

'Doe toch niet zo naïef' sprak ik 'Je kent Ricardo, die is geestelijk gestoord, kompleet gek'

Ilona vertelde nog even verder:

'Die Christine heeft echt alles kapot gemaakt. Ze wou je, ze nam je van me af, en ik kon alleen maar toekijken hoe ik je ging verliezen'

Ik liet weten dat ik in Frankrijk steeds het idee had gekregen dat ze me net naar Christine toe duwde.

'Dat deed ik niet, maar ik voelde me zo slecht toen, ik heb echt geen vakantie gehad, de enige mooie tijd die ik er heb gekend was toen ik je achter die rots heb kunnen kussen, zodat zij het niet zag'

'en toch heb ik voor jou en niet voor haar gekozen, Ilona'

Haast huilen kon ze toen in die taverne, mijn vrouw waarvan ik toen zeker was dat het tussen ons ook definitief voorbij was.
'Mijn ouders willen ook niet meer dat je Frederique te zien krijgt…' sprak ze plots
Verbaasd keek ik in haar richting
'Wat hebben die daarin te beslissen?, jij bent toch de moeder van Frederique.'
'Ja, dat ben ik' zei ze
'is dat dan mijn dank voor een reis van vijfduizend zevenhonderd twintig euro?' vroeg ik.
Daarop kreeg ik geen antwoord, maar ik kreeg wel te horen dat haar vader vrij kort tegen haar was, dat ze een glas cola had willen drinken en hij had gezegd
'Leer maar water drinken, zonder geld ga je toch moeten leren leven zonder cola'
'Ze doen alsof ik een klein kind ben, ik heb geen vrijheid meer' zei Ilona met trieste stem
'Ja, en je bent zo naïef dat je natuurlijk doet wat ze zeggen, ook al ben je dertig jaar'
Dit deed me denken aan Christine, ook zo een moeder - vader kindje dat levenslang zou afhangen van haar ouders, de beslissingen niet in haar handen had, maar wat papa of mama zij 'heilig' waren. Ook Ilona bleek nu zo te zijn.
Het enige antwoord dat ik kon bedenken was
'Als ik ooit een nieuw lief zal zoeken, dan zoek ik me én zonder ouders, wees zoals ik, dan moet ik al dat ouderlijk gelul niet meer slikken'

'Wat zou er gebeuren moesten wij terug samen gaan?' vroeg Ilona 'Zou je dan nog terug in ons huis gaan wonen?'
'Nee!, Nooit van mijn leven nog' zei ik, 'Daar is me teveel gebeurd'
'Zo denk ik er ook over' sprak ze "Ik heb daar trouwens nooit echt graag gewoond'
Na deze zin kwam nu ook Brigitte het café binnen die ondertussen eindelijk parking gevonden in het drukke Gent.
Ik bestelde een fruitsap voor haar, en nadat ze er was komen bijzitten vroeg ze aan Ilona hoe het met haar ging. Opnieuw vertelde Ilona enkele dingen die ze tegen mij al had verteld
'Dus je blijft hier in Gent, met al je problemen, die je ouders toch niet gaan oplossen, om jezelf een heel leven zonder geld te laten, en naar je ouders te moeten luisteren?' vroeg ik toen op vrij korte toon.
'Ja..zeker' antwoordde m' n vrouw.
'Dan wens ik je veel plezier!' sprak ik het uit.
'Je zou beter terug samengaan met ons mee' liet Brigitte weten. Maar dat had ze niet moeten zeggen, want dit had ik reeds aan Ilona laten blijken, misschien onrechtstreeks.
Ik stond recht, en zei ondertussen tegen Ilona, dat ik nog iets voor haar had.
Stak m' n hand in mijn rechter broek zak, en zocht iets. Ilona wist goed genoeg dat deze broekszak te klein was om een wapen in te verbergen, om wie dan ook te vermoorden. Even later haalde ik een

Ankh tevoorschijn. Een Egyptische hanger die ik is van Christine had gekregen.
'Ken je dit nog?' vroeg ik Ilona.
'Ja' antwoordde ze me
'Christine gaf me dit als geluksbrenger, en vorige zondag had ik het rond mijn hals gedaan... een hel in dat gekkenhuis heb ik er aan overgehouden.. dat is geen geluk'
De Ankh die ik ondertussen reeds al had geplooid, en daardoor in stukken brak, smeet ik in de asbak die op de tafel stond.
'Dat doe ik met die ongeluksbrenger!' riep ik, en ging weer zitten.
Ik keek Ilona aan en zei: 'Ik hou van je vrouwke, en dat weet je maar al te goed, wat je ouders ook zeggen, en wat die smeerlap die je zo geduwd heeft ook heeft gezegd'
Ilona keek me aan, en even later zei ze
'Als ik meega, dan moet ik me wel haasten, want dan moet ik nog even terug naar dat huis, enkele dingen bijhalen van Frederique, anders heeft dat kind niets van kleding'
Ik keek op, was verbaasd en blij, want dit antwoord was duidelijk dat ze terug mee zou gaan.
'Ga jij met me mee Brigitte' vroeg Ilona 'Ik heb teveel om alleen te dragen'
De richting dat Ilona uit moest gaan, bleek ook de richting te zijn waar het parkeercentrum lag waar Brigitte haar wagen had geparkeerd.
Voor de ingang van deze parkeergarage bleef ik wachten, terwijl Ilona, Brigitte en mijn jongste

zoontje naar de kleine oude, pas gerenoveerde huisje gingen van Ilona' s ouders, enkele straten verderop

Het wachten duurde lang, en alsmaar dacht ik van 'Wie zegt me dat Ilona nog gaat terug meekomen'

Maar even later was ze er. Frederique op zijn klein fietsje, en ieder van hen geladen met grote tassen bagage.

'Nu naar de auto, en hier zo snel mogelijk weg!' sprak Brigitte, die niet op haar gemak was.

'Ik voel me precies iemand die ontsnapt uit Egypte' sprak m' n vrouw, en verbeterde zichzelf 'De vlucht uit Egypte'

We moesten er om lachen, vonden de geparkeerde wagen snel terug, en reden met een overvolle wagen terug richting de woonst van Brigitte.

Op de baan, niet veel later na de *vlucht* ging de gsm van Ilona.

'Mijn ouders' zei ze verschrikt: 'Wat moet ik nu zeggen?'

'De waarheid' antwoordde ik die vooraan naast Brigitte zat.

Ilona nam op, en haar moeder vroeg hoe het ging

'Alles o.k. mama, ...maar.... Ik ben weg uit Gent'

Moeder verschoot. Dat het haar mislukt was om Ilona in gevangenschap te houden, ondanks haar vele dertig minuten tussentijdse controles was nu wel zeker.

'nee mama, ik hou van Alex, en Ricardo heeft heel veel gelogen, en me van alles doen zeggen dat niet waar was' haalde ze aan.

'nee mama, Alex wil niet met je praten'
'Nee mama, ik kom niet terug'
'Papa?, ja ik ben weg, nee Alex gaat me niet doodschieten, mama gelooft ook altijd alles, en maakt van een mug een olifant'
'Mama, dat moet ik vragen'
Wat ze me moest vragen van haar moeder wist ik even later, toen Ilona me haast smeekte om toch even naar de telefoon te luisteren.
'Ja Petra?'
'A.u.b. Alex, komen jullie vandaag bij ons thuis slapen, ik maak me zo ongerust, ik heb zo een bang'
'Je hoeft niet bang te zijn Petra' zei ik 'Je gelooft teveel in de vertelsels van Ricardo, en zie zelf waar hij je dochter nu heeft gebracht, ze is failliet!'
'Maar ik maak me echt zo ongerust, ik wil niet dat er haar iets overkomt' antwoordde ze me met een enorme opgewonden maar wel vriendelijke stem.
'Uw dochter gaat niets overkomen, ik vind het alleen spijtig dat U dit spelletje zo mooi mee hebt gespeeld. Is dat mijn dank voor die mooie reis? Is dat hetgeen ik echt heb verdiend? Wel, merci!' zei ik met verhoogde toon.
'Je had dat niet moeten doen Alex' zei ze 'al gaf je ons een pisbloem dan nog was ik gelukkig geweest'
'Het ging om je man, ik deed het voor hem, voor zijn ziekte, ik vind het erg, want ik heb jullie altijd als goede mensen, echte schoonouders aanzien' liet ik weten.

'Wij jou ook Alex, echt waar, je bent een echte schoonzoon voor ons'

'Dat heb ik nu echt gemerkt' antwoordde ik hierop

'Als dat zo was, waarom bent U mij dan in het gekkenhuis niet komen bezoeken' vervolgde ik

'Dat had ik misschien beter gedaan' liet Ilona haar moeder me weten 'Dan had ik niet alleen Ricardo zijn versie gehoord, maar ook jou versie'

'Ja, maar jij gelooft toch alles wat ze jou doen geloven' was m'n korte antwoord hierop, en tot slot van mijn boze redevoering liet ik ook nog weten

'Je begrijpt best dat we nu niet bij U komen slapen, na wat er allemaal is gebeurd. Denk je ook niet dat ik en Ilona nu veel tijd nodig hebben om eerst en vooral te praten tussen ons, en niet met jullie?'

'Ja' liet Petra weten, maar laat me dan toch vanavond naar haar bellen.

Hierop liet ik weten dat Ilona haar gsm bleef aanstaan, dat ik niet zo laf en laag was om alles af te pakken van iemand, en ze kon bellen wanneer ze ook maar wou.

'Mag ik jullie dan a.u.b. morgen komen halen?' vroeg ze plots aan me.

Ik dacht even na, dacht eerst neen te zeggen.

'Dan kunnen we alles is uitpraten' zei ze.

Uitpraten, iets bepraten, praten, spreken, of hoe je het ook wil noemen vond ik altijd een betere oplossing dan ruzie te maken en te blijven maken. Ik ging hiermee akkoord.

'Maar wat was dat dan van die Christine?' vroeg haar moeder me plots.

'Weet je Petra, iedereen kan wel verliefd worden' zei ik, maar wist ook dat dit en goedkoop excuus was, en vervolledigde mijn antwoord zo eerlijk mogelijk:

'Ik ben daarmee fout geweest, en dat weet ik ook wel, maar ik heb voor je dochter gekozen, en al hetgeen Ricardo ons erna heeft aangedaan, had allemaal niet moeten gebeuren'

Toen we bij Brigitte thuis aankwamen, liet ik weten dat ik de telefoon zou afleggen, want dat ik echt niet kon bellen, en helpen bagage dragen van Ilona tegelijk. Ze liet me weten dat ze die avond zeker zou terugbellen, en dat ze ons samen met Ilona haar vader de dag nadien zou komen halen.

Ilona nam de telefoon over, en ik hoorde haar moeder vragen waar we zaten

'Dat je dit nu gaat zeggen moet niet Ilona' onderbrak ik 'Zij heeft ook nooit laten weten waar jij zat, dat mocht ook niet gezegd worden'

Ilona gaf me gelijk, en was in ieder geval niet van plan te zeggen waar we zaten.

'Dat zeg ik niet mama'

'Zeg me dan ten minste de gemeente' smeekte Petra

Ilona noemde een gemeente op waar we totaal niet zaten. Toen vroeg ze aan haar dochter

'En de straat?'

'Dat ga ik je zeker niet vertellen' antwoordde Ilona.
'Mama, ik moet nu echt neerleggen hoor'
'Ik bel je vanavond terug' liet moeder weten.
We gingen naar binnen toe, waar Cornelia en de kinderen reeds lange tijd op ons zaten te wachten.
Ilona vertelde ons haar week, ik vertelde mijn verhaal, en het enige waar we achter waren gekomen was dat we beiden, door anderen gaan geloven waren dat we elkaar beiden niet meer moesten hebben. Ik geloofde dat Ilona achter alles zat, en zij geloofde dat ik haar haatteen zou kapot gaan maken. Dat had Ricardo gezegd, onze '*broer*'
De avond brak aan, Cornelia ging terug naar huis, en werd door Brigitte naar het station gebracht.
Daar Petra nu nog niet had gebeld maakte Ilona zich ongerust. Ze keek op haar gsm toestel, en zag dat ze een oproep had gemist. Het was haar moeder geweest die reeds had proberen te bellen.
'Ik zal ze dan zelf terugbellen' zei Ilona, want anders maakt ze haar misschien ongerust.
Ilona toetste het nummer van haar ouders in, de telefoon rinkelde even. Toen nam de moeder op.
Ilona kreeg geen kans om iets te zeggen. Petra nam het woord 'Ilona, we hebben beslist om geen verder contact met U te houden. Groeten' en mama verbrak de telefoon verbinding.
Wat er was gebeurd. Of Zuslief of onze zo *goede* echte vriend Ricardo misschien had ingespeeld wisten we niet, maar konden we wel vermoeden.

Ilona probeerde enkele malen terug te bellen, waarschijnlijk om te vragen vanwaar die plotse verandering in hun besluit. Maar ze bleven afdrukken, ze namen niet meer op.
Dit was het begin van een nieuwe hel.

Hoofdstuk 10
Van droom naar werkelijkheid, en weer naar huis.

De dag nadien zaten ik en Ilona aan tafel, om alles goed uit te praten. Dat dit gesprek heel lang ging worden, en zelfs enkele dagen in beslag zou nemen, dat had ik op zich niet te durven denken.
Ik zei tegen haar dat ik het vrij raar vond dat ze zo naïef was geweest in al de gebeurde zaken. Een faillissement, een collocatie, en het ontvreemden van spullen uit ons huis, ook mijn spullen.
Over die spullen ging het eerste gesprek.
'Ik heb dat gedaan omdat Ricardo me duidelijk had gemaakt dat je me niet meer zou helpen, en ik voor alles alleen zou komen te staan'
Vaak had ik haar gezegd, al voorheen, dat ik haar steeds zou helpen, maar toch besloot ze om met Ricardo alles weg te halen wat in zijn ogen maar verkoopbaar was, en ook waar hij me kon mee raken. Dingen waar ik aan hield.
'Toen hij je muziek installatie wou meenemen, toen wou ik dit niet' sprak Ilona.
'Hij zei me dat ik nu aan mezelf moest denken, en jij me genoeg had aangedaan'
'En de computers dan, Ilona?'
'Hierop had ik hem duidelijk gezegd dat hij ze moest laten staan, want ook dat wou ik niet!'
'Maar toch zijn ze weg?'
'Ja, hij liet ze staan, maar toen zij mijn moeder dat hij ze moest meenemen, dat er zeker allerlei

interessante documenten op terug te vinden waren waarmee ze jou konden raken'

Dat vermoeden had ik eerder reeds gehad, want enkele feiten die in de psychiatrische instelling werden aangehaald konden alleen maar uit de pc komen.

Ik liet Ilona weten, dat ik eerst dacht, er van overtuigd was dat zij de grote schuldige achter dat gebeuren was. Ik zei haar ook eerlijk dat ik bepaalde momenten echt haatgevoelens voor haar had, en zelfs dacht om haar nooit nog te willen zien.

'Ik ook' vertelde ze.

'Toen Ricardo me zei hoe jij zou tekeer gaan, me achteraf zou komen vermoorden, toen had ik ook een haatgevoel'

Ik was blij dat Ilona in dit opzicht eerlijk was tegen me, dat ze me ook durfde bekennen dat ze me niet steeds tijdens die zware week me had gemist.

'En die collocatie, daar heb ik echt niets mee te maken' voegde ze nog snel toe.

Ze legde me uit dat ze naar de politie was geweest, en niet naar Christine. Bij het buitengaan had Ricardo gezegd dat ze eerst Frederique gingen afzetten bij de partner van hem, en dan zo door rijden naar het politiebureau.

'Je weet toch best lieve Ilona, dat je als je in dergelijke situatie naar de politie stapt, er een grote kans bestaat op collocatie, want het minste dat je jezelf snijdt, of wat dan ook doet aanzien ze het als automutilatie…'

Ilona keek in m' n richting, en knikte als bevestiging dat ze dat begreep.

'Je had als gediplomeerde verpleegster me toch ook kunnen helpen, en die snede verzorgen'

Ze begreep me opnieuw.

'Maar Ricardo zei dat dit het beste was, dat je anders zou doodbloeden, en dat wou hij niet'

'Doodbloeden?', even moest ik erom lachen. Ik bloedde wel een klein beetje, maar zij, zowel als Ricardo hadden ook wel gezien dat het bloed er niet uitspoot.

Ik dacht aan mijn arrestatie;

Waarom ik gearresteerd werd.

'Poging tot moord, had Kaalmans me verteld' sprak ik haar goed aankijkend, zodat ik heel goed haar reactie hierop kon zien.

'Ricardo had bij de politie gezegd dat je teken gedaan had dat je mij en Frederique wou vermoorden, je wreef volgens hem met je duim over je keel'

Dit teken was inderdaad het teken dat mensen geven als je wil duidelijk maken dat je iemand van kant wil maken. Maar dit had ik zeker niet gedaan.

'Ik heb het ook niet zelf gezien', vervolledigde Ilona nu.

'Oh juist!, Je geloofd dus alles wat dat uitschot jou te zeggen had?' antwoordde ik haar hierop.

Ilona vertelde me nog meer ongeloofwaardigs. Dingen die wel bleken waar te zijn, maar waar ik enorm van verschoot… Alhoewel ik had moeten weten dat deze waanzinnige ideeën enkel maar van het zieke brein van Ricardo konden komen.

'Hij zei me op weg naar de politie dat zijn autoruit stuk was, en dat hij daar zou gaan vertellen dat jij dat had gedaan.'

'Hoezo?', vroeg ik haar.

'Hij zou gaan vertellen dat je naar buiten kwam, en je de ruit van zijn wagen had ingeslagen'

Ongelooflijk tot wat die gek instaat was, dacht ik.

Ik had nog nooit van mijn ganse leven een ruit ingeslagen, laat staan dat ik een auto zou aanvallen, erop losslaan.

'Wat is er dan nog meer gebeurd?', vroeg ik Ilona, die wel bereid was tot een open gesprek. Iets wat we reeds lang niet meer hadden gehad. Echt samen zitten, en praten, was iets dat we zelden deden.

Ze vertelde me dat ze het erg vond dat ik vastzat in de instelling, en dat ze dat echt nooit had gewild. Dat ze had gehoopt dat ik terug naar huis mocht komen die avond, en dat die flik zonder haar aan mijn vrouw had wijsgemaakt dat ik slechts twee uur in de cel van het politiebureau had gezeten.

'Twee uur?, Een ganse nacht!', antwoordde ik haar.

'Dat je heel onvriendelijk was in de kliniek tegen de nachtverpleegster, en je daar tekeer bent gegaan dat ze de politie heeft moeten bellen…', haalde ze nu aan.

'Tekeer als een gek?, Ik?'

Ik legde haar uit dat ik heel vriendelijk was geweest, en die *Dulle Griet* zelf had voorgesteld de politie te bellen, en legde haar meteen ook uit waarom.

Dat Kaalmans niets had gezegd over zijn nachtelijke slaap die ik had verstoord bleek nu ook heel duidelijk.

Maar toen kwam de vraag waarop ik een ander antwoord had hopen te horen.

'Vond je het dan niet erg dat ik vrij kwam die vrijdag?'

'Nee', antwoordde ze me 'Ik was heel blij dat je weer je vrijheid had'

Ik wist dat ze loog tegen me, want de advocaat had duidelijk aan de telefoon gehoord hoe ze had gezegd:

'Alex vrijkomen?, Die gaat daar niet vrijkomen hoor, Daar ben ik van overtuigd'

'Dat zei de meester me', liet ik haar dan weten.

Dat ik dit wist, dat wist zei niet. Aarzelend keek ze in m'n richting. Eerst niet goed wetende wat juist te antwoorden.

'Ik was wel blij, Maar had ook bang dat je me zou komen opzoeken, en echt zou komen vermoorden'.

Ik bleef verder vragen stellen, waarop ik steeds andere antwoorden kreeg dan dat ik hoopte te krijgen.

'En die spullen thuis, die jullie meegepikt hadden, was jij dat en Ricardo alleen?'

'Ja, dat waren wij tweeën'
Ondertussen dacht ik eraan dat mijn ex-vrouw me zo nauwkeurig had weten te zeggen dat ze zowel de maandag, als die dinsdag met auto' s voor de deur stonden, en allerlei zaken aan het meenemen waren.
Terwijl ik met Ilona aan het praten was, stuurde ik Els een sms berichtje, waarop ik vroeg me eerlijk te vertellen hoe ze dit wist nu alles voorbij was, ik niet meer gevangen zat in dat akelige gekkenhuis, en hoe het mogelijk was dit alles te weten wanneer ze zelf tien kilometer van ons thuis afwoont, en daar niet elke dag in onze omgeving kwam.
Al snel kreeg ik ook een eerlijk antwoord.
Els schreef dat ze die maandag avond thuis in huis was geweest, en dat ze me dit niet had gezegd, omdat ze niet wou dat ik me al die dingen aantrok. Ze had gezien hoe Ricardo een hoofdtelefoon nam, deze tegen de kast had stuk gegooid omdat hij dacht dat deze van mij was, tot Ilona hem had toegeroepen:
'Die was wel van Frederique!'
Hoe Ilona en Ricardo niet alleen waren, en ook haar ouders aanwezig waren, en eveneens haar teergeliefde zus, en schoonbroer, een Nederlander, verslaafd aan jointjes.
Ik wist dus nu meer dan dat Ilona me had verteld.
'Ik vind het niet mooi van je Ilona, dat je alle schuld op anderen steekt, op Ricardo, op je ouders, en doet alsof je in alles bent meegetrokken. Je liegt op enkele dingen. En ik

vind dat heel spijtig, want enkel een heel open eerlijk gesprek kan onze relatie echt helpen hoor' zei ik met een wat strengere stem.

Ik liet weten dat er dingen thuis waren, waar ik enorm van hield. Emotionele zaken, dingen waar ik waarde aan hechte, en ze echt alles hadden meegenomen.

'Waarom?', dat wou ik nu toch echt weten, en vooral waar al die dingen waren.

Ze liet me weten dat Frederique' s spullen grotendeels bij haar ouders stonden, zo ook de gedroogde trouw bloemen, en haar huwelijkskleed.

Bij Ricardo zijn ouders was een heel grote opslagplaats, een ruimte waarin hij vroeger als zelfstandige een zaak had, en ook over kop was gegaan. Ook de boeken had neergelegd.

Daar waren alle andere zaken naar toe gebracht, door vrienden van Ricardo. Volgens wat ze me vertelde hadden ze die ganse maandag op dinsdagnacht zitten te verhuizen.

De spullen zou Ricardo dan via een veilingsite verkopen op Internet.

'Ook het digitale fototoestel?', vroeg ik haar.

Dit fototoestel was me eigens dierbaar, het was geen goedkoop toestel, en we hadden het een jaar voorheen gekocht met het geld dat we van iedereen hadden gekregen bij ons huwelijk.

Het rare was dat Ilona aanhaalde dat Ricardo dit toestel aan de kant wist te houden, en misschien zelf wou.

Reeds lang wist ik zelf ook hoe gek hij liep achter dat toestel. Hoe goed hij een dergelijk ding in zijn seks business kon gebruiken.
'Dat zien we dan waarschijnlijk nooit meer terug' liet ik haar alvast weten.
'Alle dvd' s hebben jullie ook mee' zei ik.
'Zelfs de dvd' s van Yannick!'
Ik vond het misschien wel erg dat ze mijn dvd films mee had genomen, maar dat ook mijn oudste zoon zijn films waren verdwenen, dat vond ik erg.
'Dat je mij besteelt, o.k., maar mijn kind? Nee!'
Dat begreep ze goed, en dat was ook haar bedoeling niet geweest. Ze liet me duidelijk weten dat ze die films zeker aan de kant had gezet moest ze het geweten hebben.
Ik begon een tweestrijd met mezelf te voeren.
Enerzijds geloofde ik Ilona in al haar woorden, anderzijds moest ik toch inzien dat ze niet zo dom kon zijn geweest in alle punten die ze aanhaalde.
'Wees toch gewoon eerlijk tegen me!', zei ik op een gegeven moment, toen ik echt wel doorhad dat ze niet eerlijk was in haar gesprekken die we voerden.
Ik stond op, en begaf me naar de kamer. Liet haar weten dat ik enkel nog wou praten wanneer ze eerlijk zou zijn, en als ze dat echt niet kon, dat ik haar dan wel terug naar haar ouders zou brengen als ze dat echt wou.

Wanneer ze later die dag bij me op de kamer kwam zei ze me dat ze van me hield.
'Ik blijf altijd bij je Alex'
Dit was er echt teveel aan. Dit wou ik niet horen, want in dat steeds bij elkaar blijven kon ik nu echt niet meer geloven. Ik had haar gekozen, omdat ik van haar meer die zekerheid had dan van Christine.
Nu was alles anders, zij was het die me wel meer had aangedaan dan Christine. Zij was het die nu de waarheid niet vertelde, en me liet geloven dat ze de onschuld zelve was.
'Ik wil die zin echt niet meer horen!', riep ik haar toe.
'Ik geloof niet meer in die onzin'
Opnieuw gingen we een gesprek aan, ditmaal een heel kort gesprek.
'Waarom heb je me eigenlijk gekust toen je wegging die zondagavond?', vroeg ik me plots af.
'En wees eerlijk in je antwoord!', voegde ik er aan toe.
Ze bekeek me, en zei:
'Ik wist dat ik niet meer terug ging komen, die zondag had ik al beslist bij je weg te gaan.'
'Wablieft?' zei ik, denkend aan hoe spijt ik het nu wel vond dat ik de zo onschuldige Ilona in het Gentse terug was gaan bijhalen, toen ik nog niet alles wist wat ik nu te weten kwam.
'Dus, die kus,... Dat was een laffe afscheidskus?'
Ja, knikte ze me toe.

'Hoe durf je op dergelijke laffe manier van mij weg te gaan?', vroeg ik haar toen.
'Die week was echt verschrikkelijk voor me, je dronk veel, je huilde constant voor die heks'
Die heks daar bedoelde ze Christine mee, en daar deze als interesse het occulte had was al snel de link naar heks gelegd.
'En toch had ik voor jou gekozen, liet ik haar vallen, en geloofde op de koop toe nog is in Ricardo zijn onzin over Christine', antwoordde ik haar hierop.
'Ja, we zijn er volledig door Ricardo ingeluisd' zei m' n vrouw toen.
'Ik, ja!... Jij niet!', zei ik.
'Hoezo?', vroeg Ilona me toen.
'Ik heb zijn onzin geloofd over hoe slecht Christine wel was, en jij?... Jij bent hem niet mee gevolgd in zijn doen en laten, maar je zat er zelf achter!'
Het was een gewoon vermoeden dat ik had. Ik wou Ilona laten geloven dat ik veel meer wist van die ganse week gebeuren, dan dat ze me echt hadden verteld.
'Biecht maar op!', riep ik haar toe.
Enkele dingen die ik me inbeeldde, die ik dacht dat het zo was, stelde ik haar nu in een vraag.
'Heb jij dan niet opnieuw het huis willen binnengaan, en me opnieuw bestelen?'
'Ja', zei ze 'Maar er was een nieuw slot op de deur'
Zo wist ik dan ook wat ik dacht... Ze had proberen terug te gaan. Ze had meer proberen

weg te halen, nog meer achter te houden voor de curator.

'De dag toen ik gelost werd, heb je dan niet tegen je ouders gezegd dat je het spijtig vond dat ik vrij was?' Vroeg ik toen. Niet dat ik met iemand contact had gehad die me dit kon bevestigen, het was enkel m'n voorgevoel die me tot deze vraag bracht.

'Ik stond toen in het vredegerecht van de gemeente, en toen ik het hoorde, de politie belde het me door…'

'Kaalmans?', vroeg ik haar.

'Ja,… toen had ik bang', vervolledigde ze haar zin.

'Je was niet bang, je was enorm teleurgesteld dat ik vrij kwam!', riep ik haar toe.

Ze zweeg.

'Maar ik heb voor jou ook nog dingen thuis laten liggen, die jij kon meenemen' zei ze plots.

'Oh ja?', vroeg ik haar… 'Die is toch geweest voor ik vrij kwam?'

'Ja, de donderdag', zei ze me.

'Hoe kan ik dan dingen meenemen, als ze reeds opgeschreven stonden???'

Ilona wist helemaal niet meer wat antwoorden.

'En ik wil ook dat al die dingen terug naar huis gaan, die jullie weggepikt hebben!', schreeuwde ik haar toe.

'Jullie zijn een bende dieven, en door me vast te zetten wisten jullie goed genoeg dat ik niets kon doen'

Ilona begreep dat ik meende wat ik zei.

'Ik wil dat je die schelm opbelt, en hem zegt dat we alles gaan halen!'
Ilona deed wat ik vroeg. Ze belde Ricardo op, en liet weten dat we terug samen waren.
'Stom vet lelijk wijf!', riep hij haar toe.
'Wees maar wat kalm langharige zot!', riep ik van op de achtergrond.
'Hier ligt niets van jullie, hoe bedoel je?', vroeg hij aan Ilona.
'Kom Ricardo, wees is eventjes serieus…', vroeg Ilona hem toen.
'O.k., Maar ik wil dat al die rommel hier vandaag weg is, en dat je het ineens mee neemt, en vooral dat niet jij, en niet Alex meekomt, want jou klop ik in elkaar, en die gek van jou maak ik af!'
Ik hoorde hem schreeuwen alsof zijn leven ervan af hing. Waarschijnlijk wist hij nu dat al die mooie dure dingen niet meer door hem konden worden verkocht, en dat hij deze waarschijnlijk wou verkopen om zijn eigen zakken te vullen, en het geld niet en nooit aan Ilona af te geven.
Ik riep hem toe
'Denk maar eerst is aan Uw vuile zaakjes, aan het onderzoek dat loopt naar die kinderzaak bij jullie!'
Dat was hem precies te veel van het goede.
Hij gooide de telefoon toe, en liet weten dat we het wel konden vergeten nu.
Brigitte besloot hem op te bellen, en hem vriendelijk te benaderen
'Ja Ricardo, Brigitte hier, de vriendin van Alex en Ilona…'

Hij wasplots heel vriendelijk aan de telefoon.
Achteraf kregen we van haar te horen dat Ricardo had ingestemd om alles stipt om achttien uur te gaan halen, daar hij eerst nog weg moest.
Daar wij niet mee mochten, en Brigitte pas geopereerd was, niet in staat was om al die dingen die daar van ons stonden op te laden wist ze een vriend te bellen die ons zou helpen.
Eerst dacht ik een camionette te huren, maar Brigitte kende iemand in de straat niet ver van haar ouders. Een oudere vriendelijke man, die onmiddellijk bereid was om met zijn camionette mee te rijden. Ook de vader van Brigitte stond onmiddellijk klaar om ons te helpen.
Wanneer het namiddag was besloten we om reeds naar huis te trekken, om zodanig de file in Brussel voor te zijn.
Thuis aangekomen werden Ilona en ik afgezet. En besloot ik een bad thuis te nemen.
In tussentijd kreeg ik een sms bericht binnen van Brigitte die me liet weten dat er een politie combi bij de ouders van Ricardo voor de deur stond.
Op zich dacht ik dat het niets bijzonders was, en hij die had laten komen om toezicht te houden dat er wel zekerheid was dat er achteraf niet meer kon gediscussieerd worden of we die dingen niet opnieuw zouden vragen aan hem, en hij dan geen bewijs had dat we die al hadden meegenomen.
Ilona maakte zich al snel ongerust, maar ik bedaarde haar en liet haar weten dat Brigitte, haar

vader, en de chauffeur wel snel terug thuis zouden zijn met al onze spullen.

Een half uurtje later stuurde ik haar een sms met de vraag of alles in de camionette geraakte, maar hierop kwam geen antwoord.

Ik probeerde te bellen, maar tevergeefs nam ze niet op.

Ik dacht eerst dat ze niet opnam omdat ze misschien wel aan het helpen inladen was, en haar gsm ondertussen in de auto lag, dat ze deze dus niet kon horen.

Mijn voorgevoel werd alsmaar slechter toen ik een uur later nog niets had vernomen, en ik opnieuw, zonder succes had proberen te bellen.

'Wat is daar toch gaande?', vroeg ik aan Ilona.

Zelf gaan kijken konden we niet, we hadden geen auto, geen vervoer. Het enige vervoer dat we hadden zat bij Ricardo.

Even later werd mijn voorgevoel bevestigd. Een sms van Brigitte.

'ik mag niet opnemen van de politie, jullie worden gezocht!'

Ik verschoot me zo erg dat ik in volle paniek rechtstond, en Ilona vroeg onmiddellijk de politie te bellen, en laten na te gaan wat daar gaande was.

De politie via het noodnummer liet weten dat hij het ging uitzoeken, en zou ons terugbellen.

Ondertussen kreeg ik en tweede sms bericht binnen van Brigitte:

'Mijn vader wordt nu verhoord, er staat een deurwaarder, alles is opgeladen'

Op dat moment had ik een paniek aanval, en dacht ik dat Ricardo misschien iets van ons had verteld dat een leugen zou zijn, maar dat we daardoor echt wel werden gezocht.

De politie belde even later terug om te laten weten dat er een ploeg van hen naar de ouders van Ricardo was gegaan om te controleren of alle gestolen goederen wel degelijk bij de deurwaarder meegingen, en niet met ons.

Dit was het top punt. Ik belde een vriend op, en vroeg ons zo snel mogelijk te komen halen. Even later stond deze thuis.

Ilona nam de beslissing om ook naar Ricardo te bellen, en te vragen wat hij ons allemaal aandeed.

'Ik wil er zeker van zijn dat de goederen die jij hier verborgen hebt goed terecht komen', zei hij.

'Die ik verborgen heb?', Vroeg Ilona.

'Doe nu niet alsof jij het niet was!', antwoordde Ricardo haar.

Ricardo wist beter, en Ilona zei ook dat hij het zelf had voorgesteld, en zij had gezegd om alles thuis te laten staan.

Toen zei hij haar dat ik maar niet mijn mond zo groot had moeten opentrekken over die kinderzaak, en dat dit de deur had toegedaan.

Ik vroeg haar Ricardo even aan de lijn te horen, en hield me stil. Weer maal mijn verstand op nul zetten, kalm en hoffelijk, zonder te roepen luisteren naar die kerel.

'Ik heb je altijd graag gehad, Alex'

'Het is daarom dat je nu zo doet?', vroeg ik hem.

'Dat is allemaal Ilona haar schuld, die wou je bestelen, en ik moest voor haar hier dingen verbergen' zei hij alsof hij de onschuld zelve was.

'Ik had je zelfs willen komen bezoeken', liet hij me weten.

Ik zei hem dat hij dat dan had moeten doen, maar hierop wist hij te zeggen

'Ilona heeft je helemaal zwart gemaakt, van alles doen geloven aan ons en haar ouders, zodanig dat ik het zelf ging geloven, ik had beter moeten weten…'

Na deze telefoon dacht ik naar het politiekantoor van onze gemeente te gaan, maar daar Ricardo heel veel flikken vriendjes had leek me dit geen goed idee.

Daar ons dorp ook een beetje tussen twee grote steden in lag leek het me ook logisch dat we dan even goed naar de politie van die andere stad konden gaan.

In de auto kreeg ik een nieuw bericht.

Opnieuw van Brigitte.

'Ze willen Frederique afnemen, en gaan nu tot bij mijn ouders'

Frederique die zat inderdaad bij de moeder van Brigitte, dit daar ze zelf had voorgesteld op Frederique te letten, en hij dan die ganse verhuis en die zware rit moest meemaken.

Wat was er toch allemaal in godsnaam gaande!

Ilona en ik werden haast hysterisch.

Wanneer we later die avond, het was reeds donker bij het politiekantoor aankwamen, en een vriendelijke jongeman van dienst naar de korte samenvatting van ons verhaal luisterde, zei deze even later dat de nachtploeg zo zou beginnen, en deze ons weldra verder zouden helpen.

Ondertussen belde hij wel naar de politie van de gemeente waar Ricardo woonde, en ook naar de gemeente waar Brigitte' s moeder woonde.

Maar er was niets van geweten.

'De nachtploeg komt er zo meteen aan', liet de agent nogmaals weten.

Ik ging buiten staan met Ilona, en rookte in afwachting de ene sigaret na de andere.

Ondertussen probeerde Ilona haar moeder te telefoneren, om te zeggen wat er allemaal gaande was, maar die legde telkens neer, zodanig dat we eigenlijk zo goed als zeker konden zijn dat zij mee in dit gebeuren zat.

Even later riep hij ons weer binnen, en vroeg hem te volgen naar een kantoortje achteraan gelegen.

Daar werden we ontvangen door een al even vriendelijke agent als zijn collega.

'Staan we geseind?', vroeg ik hem wanneer we plaats hadden genomen.

Hij keek het na, en wist ons even later te zeggen dat we totaal niet geseind waren.

Ondertussen kwam er een vierde sms van Brigitte binnen.

'Er staat politie aan mijn appartement, zodra ik thuis ben moet ik ze binnen laten voor een huiszoeking, en ik mag

jullie niet terug komen doorhalen'

Ondertussen had de agent al naar de gemeente gebeld waar Brigitte al die tijd was geweest, en liet even later weten dat hij niet goed begreep waarom we bij hem op kantoor zaten.

'Maar ze gaan ons kind afnemen', liet Ilona weten aan hem.

Hiervoor belde hij dan de gemeente op waar Frederique toen verbleef.

Daar wisten ze in tussentijd te zeggen dat er geen opdracht was gegeven tot huiszoeking, en dat ze dus ook van niets wisten, en nog minder dat ze de opdracht hadden gekregen om een kind mee te nemen.

Op dat ogenblik kreeg ik een vijfde en laatste sms van Brigitte binnen:

'De huiszoeking is gebeurd, ze hebben alle persoonlijke dingen meegenomen van jullie'

Ik belde haar onmiddellijk op, vroeg of Frederique daar was.

'Ja, die is hier, en slaapt al', zei Brigitte.

Dat was een pak van ons hart, onze zoon was veilig, en niet meegenomen door stoute mijnheren in uniform.

'Welke persoonlijke zaken hebben ze dan meegenomen?', vroeg ik haar.

'Je tas met je dagboek'

Mijn tas, mijn zegels, mijn dagboek, mijn bril, en het zakhorloge dat ik van Ilona haar ouders had gekregen waren nu weg.

Waarom?, Dat wist ik niet, nog minder waarom die huiszoeking was gebeurd.

'Er is helemaal geen huiszoeking geweest' zei de agent nogmaals die tegenover ons zat.

'We hebben tot Leuven uitgeleide gekregen van die politieagenten die ons allen hebben ondervraagd', liet Brigitte me weten.

'Uitgeleide?', vroeg ik haar.

'Ja, ze wilde er zeker van zijn dat we jullie niet terug kwamen bijhalen, een daar ik ook de kinderen nog terug moest doorhalen bij mijn moeder ben ik dan vanuit Leuven ook maar doorgereden.'

Kop nog staart kon ik eraan krijgen. Ik verstond het helemaal niet meer, en ergens zaten we ons dus gewoon belachelijk te maken bij de politie daar.

'Jullie worden niet gezocht, jullie zijn dus niet geseind, jullie kind wordt niet afgenomen, en er is geen huiszoeking geregistreerd'

We besloten dan maar weg te gaan.

Het was ondertussen bijna middernacht, en het enige wat we konden bedenken zonder vervoer, was dat we beter nog een hotel probeerde te vinden, als dat tenminste nog open was. Aan elk hotel heb je een nachtbel, dus zo moeilijk leek het me niet om dat te vinden.

Toen we op de grote markt aankwamen, zagen we dat er kermis was, en de kramers deze aan het afsluiten was.

Hier en daar was nog een taverne open, en besloten we iets te gaan drinken.

Ilona wou eigenlijk nog iets eten, maar daar we misschien nog enkele nachten op hotel moesten blijven, vroeg ik haar het niet te doen, en even ons op geld te kijken.

Ze zei toen dat we elkaar nog hadden, en dat ook veel belangrijker was dan eten.

We gingen op een overdekt terras zitten, enkel mijn portefeuille bij me, en zij haar handtas, en ik gelukkig een kruk. Ik bestelde een pintje om te bekomen, en mijn vrouw een warme chocolademelk.

Daarna gingen we op zoek naar een hotel. Enkele straten verderop lag het enige hotel van de stad, zo had ons de café uitbaatster gezegd.

Ik duwde enkele malen op de nachtbel, maar niemand kwam opdagen, tot even later een stem uit de muur vroeg voor wat het was.

'Het is voor een kamer', zei ik.

'We hebben geen kamers meer vrij', liet de mannelijke stem horen.

Ilona wou alles, behalve naar ons thuis toe gaan.

'Al moet ik op een bank in het park slapen', zei ze me.

'Dat gaat toch niet', liet ik weten. 'Het is nu veel te koud 's nachts om buiten te slapen, de zomer is al op z'n einde'

Ik besloot terug naar die ene taverne te gaan waar we hadden gezeten met een pintje en een warme chocomelk, en vroeg aan die dame of ze ons een taxi kon bellen, daar onze gsm batterijen leeg waren.

Tien minuten later was de taxi er reeds, en gaf ik hem de opdracht naar ons huis toe te rijden. Het huis waar we eerder die namiddag werden afgezet door Brigitte, niet wetende dat we haar die dag niet meer terug zouden zien, een huis waarvan we beiden afgezworen hadden er ooit nog een dag te blijven, laat staan een nacht.
Ook al was dit steeds onze thuis geweest,
Maar door alle gebeurtenissen van de afgelopen weken was dit voor ons beiden nog slechts en hel.
Toch waren we verplicht om hier te overnachten.
Ilona en ik vielen in slaap, denkelijk met beiden aan onze zoon Frederique te denken die nu zo ver van ons was verwijderd.
Daar er minder gaande was dan dat Ricardo aan Brigitte had wijsgemaakt, konden we alleen maar zien hoe dat hij ons een ferme loer ha gedraaid, ons weer maar is had vernederd, en hoe plezierig hij het wel zou vinden te weten dat we nu opgesloten zaten in ons eigen huis, totaal afgelegen op de boeren buiten. Ik kon hem zo voor me zien lachen in zijn vuistje.

Hoofdstuk 11
Contact met Christine

De dag nadien namen we een taxi naar het station, en namen de trein tot bij Brigitte.
Toen deze ons van het station kwam afhalen en we even later bij haar thuis aankwamen, waren we enorm blij Frederique terug te zien, goed en wel.
Ik belde naar de politie, maar nogmaals wisten ze me te zeggen dat er nog steeds geen huiszoeking werd geregistreerd, en er dus niets aan de hand was.
Ik belde m'n advocaat op, en deze wist te zeggen dat we het mochten aanzien als 'misbruik van politiemacht'.
Dus, waren we er met z'n allen ingeluisd, en daar Ricardo goed wist dat we in ons eigen huis opgesloten zaten, er niet weg konden, had hij de vrije hand om zijn flikkenvriendjes een valse huiszoeking te laten doen.
'Ongelooflijk tot wat die idioot in staat is te doen', was het enige dat ik toen nog kon bedenken.
De advocaat vroeg ons een klacht tegen onbekenden gaan in dienen, maar daar voelde we niet echt iets voor. Een klacht indienen, en dan nog meer problemen met Ricardo krijgen?, Een gast die tot alles in staat was, en ons dan misschien nog meer ging aandoen. Neen.
Die week, de woensdag, kreeg ik plots sms berichtjes binnen. Ilona en Brigitte die bij me zaten hadden zeker kunnen zien dat ik was

verschoten, en dat ik niet alledaagse berichtjes binnenkreeg.
Het eerste berichtje was:
'Zal U nooit vergeten... Hoop dat je gelukkig mag worden... Alleen wonen is een hel... Please, wis dit sms' je onmiddellijk nadat je het las... Echt doen! Nog een fijn leven, en veel geluk! Christine'
Ik zei niet tegen Ilona wie me een bericht stuurde. Wel liet ik even aan Brigitte lezen waarom ik me plots niet al te best voelde.
De persoon waar van ik gedacht had nooit nog iets te vernemen, de vrouw waarvoor ik zo had afgezien; Deze was het die me nu een bericht stuurde.
Waarschijnlijk als reactie op die vijf pagina lange brief die ik haar had gestuurd met het ganse verhaal in.
Ik liet haar weten dat ik echt van haar gehouden had, en dat ik het allemaal erg vond.
Ik liet haar weten dat Ilona terug bij me was, maar dat ik er geen goed gevoel bij had, dat Ilona nu ze terug was toch niet bleek zo onschuldig te zijn, en het me erge pijn deed te moeten inzien dat ze ook goed had geholpen me dit alles aan te doen. Dat niet enkel Ricardo de schuldige was, maar zij zeker ook.
'Waarom laat je Ilona dan terugkomen?, Ik mag helemaal geen contact met U hebben... Heb trouwens pas deze gsm terug, en geen belwaarde... Niet teveel sms' en a.u.b., Kan dat niet aan.'

Ik vertelde haar over het feit dat ik haar niet begreep dat ze zo deed, dat ze toen zo voor me had gevochten, en dat ze dan zo koos voor haar ouders.

Ik liet haar weten dat het me speet van die ene slag in Frankrijk, maar dat ik was verschoten van haar reactie toen ze de boot belangrijker vond dan Yannick, en van die ene duw in huis, de avond toen ze terug naar haar thuis ging. Ik liet weten hoeveel Ricardo toen had wijsgemaakt.

'Ik kan niet leven met iemand die me slaat... Niemand raakt me nog aan!, Ilona zei me dat jullie seks hadden toen we terugkwamen van Frankrijk... Dat heeft me gekraakt... Please geen sms'jes meer vandaag. Ik ga nu al te ver, wil niet nog meer problemen', was het volgende berichtje dat ik binnenkreeg.

Dat ze niet kon leven met iemand die haar sloeg, dat kon ik goed begrijpen, maar dat ze dan in een huis was met haar vader die haar zo vaak sloeg, althans volgens wat zij me altijd had verteld, dat begreep ik niet.

Wat ze me sms'te over die seks met Ilona, liet ik haar weten dat het zo niet was. Dat ik sliep, en Ilona toen kreunende geluiden had gemaakt, en het bed doen bewegen had. Dit met de hoop dat Christine het zou horen.

Nu bleek, volgens Christine, dat mijn vrouw haar ook had verteld dat we zogezegd gemeenschap hadden, maar erbij vertellen dat het niet echt zo was had Ilona dus niet gedaan.

Ik vroeg aan Christine of ik haar is mocht bellen, dat dit alles toch makkelijker was om te praten in plaats van berichtjes te versturen.
Hierop antwoordde ze:
'Please geef me tijd tot ik echt op m' n poten sta.'
En ze voegde er nogmaals aan toe om haar niet meer te sms' en. Maar opgeven deed ik niet, ik wou meer weten.
Ik stelde voor om af te spreken, zodat ik ook haar weinige spullen die thuis nog lagen kon terug geven.
'Wacht daar nog maar een paar maanden mee… Ik sta onder psychiatrische begeleiding, en zij weten echt alles… Kan dat allemaal niet verwerken. Laat me vandaag a.u.b.'.
Ik liet haar dan weten dat ik ook in een gekkenhuis had gezeten, en ze precies niet goed besefte wat een hel ik had meegemaakt. En dat ze me waarschijnlijk haatte.
Ik kreeg alvast een antwoord terug.
'Ik haat U *ni*… Hou dit sms gesprek voor U… Wis alles, of ik krijg problemen… Ik weet echt alles wat er gebeurd is.'
En die 'alles' had ze in hoofdletters geschreven. Duidend op het feit dat ze maar al te goed wist wat ik had meegemaakt, en waarschijnlijk dit alles via haar vader, door Ricardo was te weten gekomen die volgens Ilona regelmatig nog met Christine' s vader belde.
Ik bleef berichtjes sturen naar Christine. Ik liet haar weten dat ze dan ook beter is kon praten met

de psychiater over haar wiet probleem, dat ze af en toe een sigaretje rookte, ook al was het volgens haar eigen zeggen slechts enkele malen per jaar, en dat ze zeker is mocht aanhalen van haar zelfpijniging, dat ze haar teennagels uittrok, en dit moest stoppen.

Christine antwoordde:

'Dat van m'n wiet weet m'n psychiater al, en van mijn tenen ook. Ik heb dat schilderij nog, en morgen staat mijn autoradio erin.'

Opgelucht was ik wel te horen dat ze echt over al haar problemen had durven praten, en dat ze het schilderij nog had, dat kon alleen maar terugslaan op die ene grote kader die we samen hadden gemaakt, waarop ieder een helft had geschilderd.

Ik liet haar weten dat ik niet meer thuis woonde, dat er daar teveel was gebeurd.

Al snel kwam er nog een berichtje binnen, met daarop de volgende tekst:

'Waar ben je nu dan?, *By the way*, Ik wil Ilona nooit van mijn leven nog zien. Nog een fijne dag.'

Daar ze niet echt meer vroeg om haar met rust te laten, en waarschijnlijk ze me ook wel kende als iemand die nooit opgeeft, en een doordrijver is, stuurde ik de volgende tekst:

'Heb je die brief van me wel ontvangen?, of heb je hem van je vader niet mogen lezen?'

'Ik heb die brief ontvangen, en geloof in onze bijzondere band', washaar antwoord.

Die brief ontvangen, o.k., Maar dat niet papa of niet mama die eerst zou gelezen hebben, en zomaar aan haar had afgegeven, dat kon ik niet geloven. Eerst en vooral omdat ze me zo vaak had gezegd dat haar ouders steeds de post opende van haar. Dit bewijs was me reeds geleverd toen ik haar is een brief had gestuurd naar haar zomerkamp voorheen. Enkele weken nadien wist ze me te zeggen dat haar ouders die brief hadden gelezen. De brief was naar haar thuis doorgestuurd daar ze op kamp al vertrokken was, toen deze aankwam.

De speciale band waar ze het nu over had, daar had ze het vaak over. Er was volgens haar meer dan vriendschap en liefde. Een echt gevoel van vertrouwen, een band dat we in heel veel dingen overeen kwamen, …Als het niet in alle dingen was…

Ik liet haar weten dat ik haar altijd graag had gehad, dat ik echt van haar hield, desondanks de langharige tekkel en soortgenoten haar hadden wijsgemaakt, maar dat ik nu éénmaal terug bij Ilona was.

Hierop schreef Christine het volgende:

'Ilona is alleen bij u terug voor het geld! Ze heeft u altijd behandeld als een kind… Ilona is vals… Jij kan veel alleen, heel veel zelfs. Met je been aan kan je bijna alles! Ik ben bezorgd. Wis al je sms'jes!'

Christine wist ook wel dat Ilona destijds had gezegd dat ik voor haar niet moest leren lopen, en ze wel verder voor me zou zorgen als ik in de rolstoel zat.

Vaak deed Ilona alsof ik niets alleen kon. Wanneer Ilona naar de stad ging, al dan wel of niet alleen, vroeg ze me vaak of ik het wel alleen kon redden, en zei ze me ook vaak dat ze niet met een gerust hart vertrok.

Ik kon goed mijn plan zelf trekken, en inderdaad zoals Christine me nu liet weten, zeker met mijn been aan.

Dat Ilona enkel bij me was, teruggekomen voor het financiële, dat had ik nog al horen zeggen door verschillende mensen. Misschien niet zo cru gezegd, maar wel eerder onder de vorm van 'Wees toch maar voorzichtig Alex, en denk twee maal na bij elke stap die je zet'.

Wanneer ik nogmaals vroeg om haar te telefoneren, antwoordde Christine hierop dat het echt niet ging, dat ze nooit alleen was, en dat haar moeder dan alles zou horen. Ze excuseerde zich hier ook voor, en zei nogmaals dat het echt niet ging.

Ik liet Christine weten dat ik geen man was om alleen te zijn, desondanks ik wel voor mezelf kon zorgen. Dat ik gewoon niet tegen de eenzaamheid kon, en na twee uur alleen zitten al tegen muren en plafond omhoog zou kruipen.

'Weet dat je wel alleen kan leven. Iets in mij is definitief kapot. Kan alleen in een democratische relatie overleven, en kan echt niet zonder mijn kampen'

Volgens het woordenboek is democratie:

-regeringsvorm waarbij alle rangen van het volk deelhebben in het bestuur-

Het was dus duidelijk dat haar dominantie waar ze steeds over sprak de overhand had gemaakt, ook al wist ze, en zei ze me is

'Alex, jij bent niet echt dominant, en ik ook niet, als we beiden water bij de wijn doen, dan zie je toch zelf welf dat het ons lukt'.

Het lukte inderdaad wel.

Haar kampen waren dus wel belangrijk, ook al had ze me gezegd dat ze die kampen niet voor mij ging stoppen, wel voor zichzelf, daar er nog meer in het leven was dan kampen.

Wat er definitief in haar kapot was, dat had zeker te maken met het goede gevoel dat ze voor me had, ondanks ze beweerde dat ze me ook nu niet haatte.

Ondanks dat ze me vroeg niet meer te sms' en toch steeds antwoord bleef geven op mijn berichten, besloot ik ook maar door te gaan met verdere vragen stellen. Ik had nu al zolang niets meer van haar gehoord, nooit antwoord gehad op mijn zovele vragen, en dus stopte ik niet met berichten sturen.

Toen ik haar vroeg wat ze dan met haar leven wou, of ze me nog ooit wou, of nu eeuwig bij haar ouders ging blijven, toen kreeg ik als antwoord:

'Ik wil geen relatie meer voorlopig… Tenzij vriendschap… Ben zo erg gekwetst en kapot vanbinnen… Dat moet je begrijpen! Je zal een vriend blijven.' En opnieuw vroeg ze geen sms meer te versturen.

Toen ik haar zei dat ik het voor Yannick erg vond, dat hij ook hiervan de dupe was, en hij ergens toch Christine ook graag had. Hij was het tenslotte die op vakantie gezegd had dat ik voor Christine moest kiezen, toen liet Christine me het volgende weten:

'Zeg hem dat we kameraden blijven. Je hebt me diep gekwetst, en m' n ouders ook! Je weet wat ik voel, maar een relatie gaat nu echt niet!'.

Hieruit kon ik opmaken dat ik de volledige schuld kreeg, dat ik de oorzaak was van de ruzie met haar ouders, en dat ze dus helemaal geen rekening hield met wat ze me zo vaak had gezegd.

Dat papa haar sloeg, en regelmatig,

Dat ze het er zo tegen haar zin had,

Dat ze zoveel liever hier was, en nooit meer wou terug gaan.

Die bange blik die ik in haar ogen zag toen haar vader die bewuste avond opbelde om te zeggen dat ze onmiddellijk naar huis toe moest, en haar sleutels niet vond, zal ik nooit vergeten.

En toch was ik de schuld van dit alles.

Ik was echt niet tevreden met dit antwoord; Het is zo eenvoudig de schuld op iemand te schuiven.

Zij had me duidelijk gezegd dat ze werd geslagen, er al eerder voor naar psychologen was voor gegaan.

Toen ik haar één enkele keer zei:

'Christine, waarom ga je dan geen klacht neerleggen tegen je vader', had ze me geantwoord: 'Als ik dat doe, dan breekt hij m' n twee benen, dat heeft hij zelf gezegd, en hij heeft teveel vriendjes bij de politie zitten'.

Waarom een relatie niet ging, zoals ze zelf liet weten, dat was te wijten aan het feit dat ik voor mijn vrouw had gekozen, dat ik haar had gedumpt. Toch in haar ogen. En natuurlijk, niet te vergeten, omdat ze daar volledig werd gecontroleerd, en niets kon doen. Papa beheerd het geld, en zelf was ze zonder werk. Ze kon nergens heen, en kon dus enkel en alleen naar haar ouders luisteren;

De eens zo dominante Christine moest nu naar de over dominante ouders luisteren.

Ik vroeg haar ook, omdat ze me zelf had gezegd dat ze alleen ging wonen, of al gaan wonen was, waar dat het zou zijn, en of ze dan nu al alleen woonde.

'Ik ben aan het zoeken, maar vind niets wat ik kan betalen. Alex, snap a.u.b. dat ik niet bij U kom wonen. Er is teveel gebeurd, je kan me alleen steunen'.

Iets vinden wat ze kon betalen, klonk al vrij naïef, want zelf had ze geen geld, geen werk. En wat er dan ook allemaal was gebeurd, en ik haar ook had geschreven, wist en begreep ze precies nog niet door welke hel ik was gegaan, en nog ging. Welke zaken ik allemaal kwijt was.

En bij mij komen wonen, vond ik ook maar een raar toevoegsel. Ik had geen huis meer, of toch geen huis dat me echt knus en bewoonbaar leek. Om daar terug heen te trekken, om haar terug bij me te nemen, en Ilona opnieuw te droppen, daar had ik geen zin in. Ook al was ik van Ilona die week meer te weten gekomen dan dat ze me eerst had verteld.

Wanneer ik nogmaals vroeg, waarom ze me zo had laten vallen als kak, een hondenstront in de goot. En ook hoe het kwam dat ze nooit had gebeld toen ik met zovele vragen had gezeten, nu vragend om toch af te spreken, en het feit van toen uit te kunnen praten kreeg ik opnieuw een sms:

'Je zal nog een paar maanden, of langer moeten wachten om me te zien! Ik wil mijn ouders nooit kwijt! Begrijp dat goed!'.

Maanden wachten om iets uit te praten, daar had ik echt geen zin in. En wat ze daarna zei over haar ouders nooit kwijt te willen, deed me begrijpen dat ik Ricardo ergens wel moest gelijk geven, toen hij me na het bezoek bij haar thuis zei dat ze waarschijnlijk nooit werd geslagen.

Of ze nu echt werd geslagen, in elkaar geklopt, en een asbak op haar hoofd ooit kreeg, of het een leugen was om meelijwekkende aandacht bij me te krijgen, weet ik niet.

Wel wist ik dat ze in dit berichtje duidelijk had laten merken dat haar ouders heilig waren. En zeg nou zelf... Als je ouders je zodanig echt slaan, en

je er voor naar een psychologe gaan, zou je dan zelf nog zeggen 'Ik wil mijn ouders nooit kwijt!'.
Nu achteraf bekeken, denk ik dat ik Ricardo moet geloven. Ze misschien wel slaag had verdiend, en ze dat zelf maar al te goed weet. Zoals haar zus me huilend zei:
'Alex, je weet echt niet wat voor iemand mijn zus is'.
Ik vroeg ook naar haar verdere levensverwachting, haar grote dromen. Ik wou te weten komen of ik daar nog in voorkwam.
'Ik heb maar één droom momenteel, en dat is overleven, en ooit een reis naar Egypte maken. Ik durf niet meer te dromen'.
Ik kwam er alvast niet in voor. En overleven?
Misschien bedoelde ze hiermee wel dat ze zo snel mogelijk alleen kon gaan wonen, op haar eigen benen staan, en weer wiet kunnen roken, en teennagels uittrekken. Want dit kon vast niet meer bij papa thuis.
Maar had ze zelf niet in één van de eerste sms'jes die dag gezegd dat 'alleen wonen een hel was'?.
Overleven kon natuurlijk ook betekenen: Terug werk hebben, niet meer zo afhRitalijk van de ouders zijn.
Ik vroeg haar of ze terug naar haar ex-vriendje ging. De jongen die haar nooit had gegeven wat ze wou, en in haar ogen toch zo een *loser* was. Iemand die zich alleen maar aan pc spelletjes interesseerde; Niet eens zijn rijbewijs wou halen, en werken gaan alvast niet interessant vond.

Een antwoord op mijn vraag kreeg ik niet echt. Het was eerder een 'rond de pot gedraai' zoals dat hier in Vlaanderen al is wordt gezegd.

'Momenteel maakt geen enkele man in deze *galaxie* nog kans. Ik wil een tijdje alleen zijn. Ik wil zeker een jaar voor mij alleen. Daar moet iedereen respect voor hebben!'.

Geen enkele man?, Zelf had ze me is gezegd dat haar ex-vriend geen echte man was. Dus kans maakte hij misschien wel, zelfs nu, binnen dat jaar dat ze voor zichzelf wou. Had Ricardo me ook niet gezegd:

'Wie zegt jou dat ze niet meer met haar lief is?'...
en van respect gesproken... vroeg ik me toch echt wel af welk respect er dan voor mij was geweest. Dat ik pas zoveel later nu eindelijk iets van haar vernam. Dat ik eerst hiervoor zo een domme dingen had moeten doen, gecolloceerd was geraakt, en dan ook nog is mijn vrouw was kwijtgeraakt, en alles wat we zowat hadden opgebouwd.

Vragend of ze ooit van mij had gehouden, en of ze echt niet besefte hoeveel ik van haar hield, kreeg ik een vrij tegenstrijdig, haast gespleten contravers antwoord:

'Ik wist niet meer wat wel en niet geloven. Ik weet dat jij van mij houdt. Mijn gevoelens waren ook echt. Maar er kan niet meer dan vriendschap zijn. Ben een wrak'.

Dus in gans deze zaak was zij het enige wrak. Ik had niets meegemaakt dus. En die zolange brief

zal ze dan ook wel niet goed gelezen hebben;
Eerst wist ze niet of ze in mijn liefde geloven
moest, of anders gezegd, twijfelde in wat waarheid
was, en wat niet. Toch haalt ze aan dat ze weet dat
ik van haar houd…. Hield.
Ik wou haar duidelijk maken, dat indien ze niet
goed begrepen had wat ik meemaakte, en al had
meegemaakt, ik nog steeds bereid was om het
gedetailleerd op papier te zetten. In elk geval een
brief van meer dan vijf pagina' s te schrijven, en
het haar toe te sturen.
'Geen brieven a.u.b.!, Mijn ouders lezen alles eerst.
Niet doen!, Maak het me nu niet moeilijk!'
Ik vroeg haar ten slotte of ze nu gelukkig was, of
ze het daar wel goed had bij haar thuis, en ik me
ook ergens zorgen maakte. Maar daar kwamen de
eerste uren geen antwoord op.
Ondertussen was het tijd geworden om naar de
gemeente te rijden waar mijn oudste zoon in co-
ouderschap leeft met zijn moeder en haar man.
Het was reeds van voor die laatste vreselijke
zondag geleden dat ik Yannick nog had gezien.
Ik sprak af op een terrasje aan het station, en
Benny bracht hem tot daar. Ik trakteerde vlug een
drankje waarna deze me alleen liet met mijn zoon.
Ik legde Yannick, in de mate van het mogelijke uit
wat er was gebeurd.
Het enige wat hij erg vond was dat hij nu niet om
de week bij ons kon komen. Het co-ouderschap
dat ik al jaren met mijn ex-vrouw had geregeld

bestond eruit dat mijn oudste zoon een week bij ons woonde, en een week bij Els en Benny.
Hij probeerde me te begrijpen toen ik hem zei:
'Jongen, je kan nu niet meekomen, maar weldra gaan we iets nieuw huren, iets wat we heel gezellig gaan inrichten, waar je een mooie kamer zal hebben'.
Wanneer hij me bleef vragen om toch mee te komen liet ik hem weten dat we niet in zijn stad verbleven, en de afstand echt wel te ver was om hem naar school te brengen.
Dat begreep Yannick wel. Ik liet hem weten hoe erg ik hem miste, en hoezeer ik wou dat dit alles niet was gebeurd.
Na de ontmoeting met Yannick, bracht ik hem terug naar zijn mama. Wanneer we weg reden, terug naar Brigitte' s appartement, zovele kilometers verderop, kon ik haast huilen. Ik had zo bang dat ik Yannick iets had beloofd, dat ik misschien niet onmiddellijk kon volbrengen.
Wanneer we net waren 'thuisgekomen', kreeg ik een antwoord van Christine op mijn laatste berichtje van die namiddag:
'Laat me gerust!,
Ik ben uw gedoe meer dan *kotsbeu!* Wen'.
Wanneer er zo een boos bericht binnen kwam, wist ik al dat dit niet van Christine was. Ik was zeker niet vergeten hoe ik destijds ook een bericht had gekregen dat niet van haar kwam. Ik besefte dat ze er bij haar thuis waren achter gekomen dat

ze met mij terug contact had, en ze opnieuw haar gsm hadden afgenomen.
Ik reageerde:
'Ja Christine, maar jij bent Christine niet!'
Hierop kwam geen tegenbericht. Het zou ook het laatste bericht zijn dat ik ooit via dit nummer van haar zou toegestuurd krijgen.
De dag nadien sms' te ik nogmaals, maar een bericht liet me onmiddellijk weten dat het gsm nummer waarnaar ik dat berichtje had verstuurd, niet meer bestond.

Ik maakte me ongerust. Erg ongerust.
Ergens moest ik inzien dat het misschien wel zo was dat Christine hetzelfde meemaakte als Ilona had meegemaakt. Namelijk een soort van volwassen opsluiting... Opgesloten door je eigen ouders.
Ik wist dat er maar één persoon op de ganse wereld mij kon laten weten of Christine o.k. was of niet.
Helaas was die persoon dezelfde als diegene die mijn vrouw zo had meegetrokken in dit ganse gebeuren. De man die Christine thuis had buiten gekregen, maar eveneens mijn vrouw een weekje later.
Ofwel kon ik hopen dat het goed ging met Christine, en gewoon alles aan het lot overlaten, ofwel kon ik Ricardo contacteren, en hem vragen dit voor me uit te zoeken.
Ik koos het laatste.

Heel voorzichtig stuurde ik ook hem een bericht. Liet hem weten dat desondanks wat er ook allemaal was gebeurd ik zijn reactie wel snapte, en ik niet echt boos op hem was.

Dit leek me de beste zin die ik op dat ogenblik had kunnen verzinnen. Een zin waarbij ik hoopte dat hij terug contact met me zou opnemen.

Ik kon moeilijk onmiddellijk met de deur in huis vallen, en hem vragen Christine voor me te bellen.

Hij liet me weten dat hij ook niet boos op me was, en beter had moeten weten; Dat hij niet direct Ilona had moeten geloven in alles wat ze van me had verteld.

Vooraleer ik echt durfde zeggen waarover het ging, waarvoor ik hem eigenlijk nodig had, stuurde ik nog enkele vriendelijke berichtjes.

Ik liet hem weten dat alles wel in orde zou komen met ons, dat hij wist hoe naïef Ilona wel was, en dat ik hem toch bedankte er voor haar te zijn geweest.

In werkelijkheid dacht ik eerder van wat een smeerlap. Hij vertelt me ook waarheden, maar wel meer leugens.

Ten slotte liet ik hem weten dat Christine me die dag had gecontacteerd.

Hij antwoordde hier eerst niet op, maar toen ik even later een ander berichtje schreef met daarin: 'Ze deed vrij raar in het laatste berichtje…', was zijn nieuwsgierigheid natuurlijk zo groot, dat hij wel wou weten wat dit laatste berichtje inhield.

Toen hij vernam wat er was geschreven, was ook zijn mening dat dit niet van Christine kwam.

Ik vroeg hem, ondanks al het gebeurde, of hij me nu is niet één plezier kon doen.

'Wat wil je dat ik voor je doe?'

Ik antwoordde hem dat ik graag had dat hij naar Christine thuis ging, hij de enige was waar ze vertrouwen in hadden, zowel de vader als de moeder, en hij alleen kon te weten komen of het echt wel goed met haar zat.

'Zodra ik er tijd voor heb, zal ik het doen', liet hij me weten.

Niet veel later kwam ik van Brigitte te weten dat Ricardo met haar telefonisch contact had opgenomen. Dat moet geweest zijn vlak nadat hij me die laatste sms had verstuurd.

'Ricardo denkt dat je Christine mist' zei ze

'Hij heeft me net gebeld'

Ik vertelde haar dat ik haar ergens wel miste, en zeker nu ik zoveel meer was te weten gekomen over Ilona, meer dan dat ze me die zondag toen we haar terug gaan bijhalen waren in het Gentse.

'Ze zal wel ferm tegen je liegen, volgens mij is ze alleen maar voor het geld terug gekomen'.

'Denk je dat?', vroeg ik haar.

'Ze zegt toch zelf dat haar ouders niet financieel zouden helpen, dat ze dacht dat ze haar anders zouden behandelen, en dat is niet zo', sprak Brigitte.

Ik twijfelde over haar woorden, maar vergeleek ze met die van anderen. Zovele hadden me reeds

gezegd voorzichtig te zijn. Christine uitte het in een sms; 'Ilona is alleen voor je geld bij je!'
Niet alleen Christine wou me waarschuwen... Enkele mensen hadden me tijdens m' n collocatie periode al gezegd hoe ik slechter dan een hond werd behandeld, desondanks dit toch Ilona terug wou, en ten slotte ze de verzoening wel begrepen. Ze zeiden niet letterlijk 'je bent een domme *kloot*' of 'je had er nooit nog mogen terug bij gaan', maar ze zeiden het op een iets positievere manier:
'Alex, jullie houden misschien wel van elkaar, het is misschien niet slecht terug bij elkaar te zijn, maar... misschien... pas je toch wat beter op je geld'.
Verwittigingen had ik genoeg gekregen. Het was nu volledig aan mij om uit te maken voor mezelf of mijn vrouw al dan wel of niet bij me was voor geld.
Ik liet Brigitte weten dat ik wel ergens nog van Christine hield, en dat ik eigenlijk ergens spijt had dat ik mijn vrouw terug bij gaan halen was.
'Eigenlijk was zij het die als eerste had moeten terugkomen, en had jij haar niet als eerste terug moeten bijhalen', liet ze me weten
'Of ben je vergeten hoe je daar in die instelling zonder kleding zat, hoe ze je gebeld had alsof ze het erg vond dat je er opgesloten zat, ze het allemaal niet zo had gemeend, maar tegelijkertijd al éénmaal bij je thuis alles weg gaan halen was?'.
Ik moest haar ergens gelijk geven.

'je hebt gelijk, zelfs Christine heeft me niet zoveel aangedaan', zei ik toen.

Brigitte vertelde me over een vriend die ze ooit had, en waar ze nu, drie jaar later nog altijd hetzelfde voor voelde. Een man, de enige man volgens zichzelf, die haar hartje ooit had bekoord.

Geen enkele andere man had ooit zoveel voor haar betekend. Nog steeds had ze een jachtgevoel naar hem toe, en hoezeer hij haar ook afwees, en ook al woonde hij nu bij een andere vrouw, toch was ze nog steeds verliefd op hem.

'Bij jou is dat net hetzelfde', zei ze. 'Jij kan ook je Christine niet vergeten'.

'Sinds Ilona me meer heeft verteld dan dat ze zondag had gezegd, voor we ze zijn gaan bijhalen, heb ik een gevoel dat het tussen ons niet gaat blijven duren…', liet ik Brigitte weten.

'Je moet naar je hart luisteren Alex, niet steeds naar je verstand', sprak Brigitte.

Ergens had ze wel gelijk, hoe meer anekdotes er werden aangehaald, hoe meer ik zin kreeg om terug met Christine in contact te komen. Waarschijnlijk echt in contact te komen. Zo echt dat ze misschien terug bij me ging komen, en ik met Christine zou verdergaan.

'Ilona heeft me inderdaad te veel aangedaan, Brigitte'.

'Ricardo wil wel naar Christine gaan', zei ze toen.

Dus het gesprek dat ze had gehad met Ricardo was uitgebreid daarover geweest.

'Maar', vervolgde ze: 'Er is wel een voorwaarde aan verbonden'.
'Hoezo?', vroeg ik.
'Ricardo wil alleen met Christine gaan praten als ik met hem iets ga drinken'.
'Heeft hij dat gevraagd?', vroeg ik iets wat verbaasd.
'Ja, want hij vond mij wel een toffe, toen hij me gezien had bij zijn moeder thuis, de dag toen we naar daar waren gegaan met de camionette'.
Ricardo en vrouwen, net zoals ik zelf, en zovele mannen op deze aarde met een zwak voor al wat vrouwelijk was, begreep ergens wel Ricardo zijn reactie.
'En?', vroeg ik haar toen.
'Voor jou wil ik dat wel doen', zei ze 'Je hebt genoeg moeten meemaken, je hebt me genoeg laten weten hoe graag je Christine wel hebt'
'Wanneer zie je Ricardo dan?', vroeg ik haar plots.
'Zo meteen', antwoordde ze.
'Vandaag al?', vroeg ik met nog grotere verbaasdheid, niet wetenden hoe alles plots zo snel kon gaan.
Ricardo had me eerder gezegd dat hij wel is ging praten met Christine als hij tijd zou hebben, en nu plots had hij ineens wel tijd om Brigitte te ontmoeten.
'Ik zie hem binnen een half uurtje hier op de grote markt, want hij was toevallig in mijn gemeente vandaag'

Dat Ricardo toevallig daar was kon nu wel zijn. Ricardo is iemand die veel reist, heel vele kilometers aflegt voor bestellingen te leveren, dus het kon nu wel zijn dat hij niet speciaal naar Brigitte reed, puur om haar te ontmoeten.

'Ik houd je op de hoogte per sms', liet ze nog even weten voor ze vertrok.

Ik zei haar dat als Christine vandaag niet terug bij me kwam, dat ze voorgoed mocht verdwijnen uit mijn leven. Dat ik kansen genoeg had gegeven. Genoeg had meegemaakt waaruit ze had kunnen opmaken dat ik echt voor haar was gegaan toen.

Ilona was ondertussen gaan winkelen, en net toen Brigitte vertrok kruiste hun wegen in de hal van het appartement.

'Ilona, ik ga even naar een interim kantoor voor werk, ze hebben me net gebeld', liet Brigitte haar nog weten die toen werkzoekende was, ondertussen al wel een sollicitatiegesprek bij een grote firma in het Brusselse gaan voeren was, maar nog geen uitslag hierover wist.

Brigitte vertrok met een goede smoes, en Ilona kwam bij me zitten.

'Ben je nu boos op me?', vroeg ze me, hopend op een negatief antwoord.

'Ik ben niet boos, enkel enorm teleurgesteld in je', liet ik haar weten.

Nogmaals legde ik haar uit dat het me geen goed deed om alles zo anders te hebben gehoord nadat ik haar gaan bijhalen was.

'Weet je Ilona', zei ik toen 'Als je me zondag alles eerlijk had gezegd, zoals ik erna ben te weten gekomen, en het er nu uitziet... Ik denk dat het beter is dat we niet met elkaar verder gaan.'
'Wat wil je dan?', vroeg mijn echtgenote.
'Ik ben niet zo laf als je ouders, en niet zo smerig als Ricardo en je ouders denken...' sprak ik kijkend in haar ogen, waarin de angst voor de toekomst, voor wat ik ging zeggen en beslissen stond geschreven.
'Als we nu uit elkaar zouden gaan, dan geef ik je een auto, betaal ik een jaar huur voor een appartement, alle nodige meubels, en geef ik je geld bovenop'
'Wil je dan dat we ieder onze eigen weg uitgaan, Alex?'
'Ik denk gewoon dat we bij elke ruzie de gebeurtenissen van de afgelopen weken op elkaar gaan aanhalen, dat het ons niet zal lukken terug bij elkaar te gaan', sprak ik.
Ilona kreeg een ander idee, ze stelde voor om twee appartementen te huren, vlak naast elkaar, en op die manier *samen* verder te leven.
'We zien wel', zei ik 'Ik moet nu toch eerst is goed nadenken wat we echt gaan doen hoor. Je hebt me heel erg gekwetst. Je had zondag alles eerlijk tegen me moeten zeggen'.
'Ik weet dat ik je veel pijn heb gedaan, maar Ricardo...'

'Stop het!', riep ik haar toe 'Jij hebt evenveel schuld als Ricardo. Hij was het niet alleen, en je laffe afscheidskus van die zondag zegt al genoeg!'.
Ik werd alsmaar kwader, en zonderde me tenslotte af op de kamer.
Het ergste vond ik dat Ilona een verzoekschrift had getekend voor Frederique van me af te nemen. Op zich niet zo erg, en in haar ogen ook niet, maar wel toen ze me vertelde dat haar moeder er nog enkele dingen had bijgeschreven nadat Ilona het had ondertekend. Valsheid in geschriften dus.
Op de kamer stuurde ik een bericht naar Brigitte: 'En?'.
Ik kreeg een lang bericht binnen:
'Ricardo heeft naar Christine thuis gebeld, en nu hebben de ouders gezegd dat ze niets meer met hem willen te maken hebben, en dat hij ook Christine niet meer aan de telefoon krijgt'.
Ze liet eveneens weten dat Ricardo verontwaardigd was, en zelf was verschoten van deze reactie. Hij was de man geweest die hun vertrouwen had gewonnen, en nu ook door diezelfde mensen werd veracht.
'Laat het maar zo', antwoordde ik haar 'Ze hoeft niet meer terug te komen, en als ze nu vermoord is, of in elkaar geslagen door haar vader, of wie dan ook. Daardoor niet aan de telefoon kon komen, dan is het haar eigen schuld; Ik ben niet teruggegaan naar haar thuis'.

Dat was klare taal, en menen deed ik het ook. Ik kreeg er genoeg van, en begon eveneens te beseffen dat desondanks wat er ook was gebeurd, wie er ook het hoofdpersonage was geweest in gans dat gebeuren; Ricardo, Ilona of haar ouders, toch Ilona de persoon was die een eerlijke kans verdiende.

Ik had ook mijn fouten. Zware fouten. Fouten die de meeste andere vrouwen niet zouden slikken van een man.

Dat mijn liefde voor Ilona niet over was, dat kon ik zelf ook wel uitmaken. Wanneer ik vrij was uit het gesticht, toen had ik evengoed Christine ook via een fake persoon zoals ik Patricia gebruikte tegenover Ilona, kunnen contacteren. Had ik evengoed Christine terug kunnen gaan bijhalen, die even erg als mijn vrouw onderdrukt werd door ouders.

Toch had ik Ilona gecontacteerd. Ik wist goed genoeg dat ik diegene was geweest die vreemd was gegaan. Die lag te vrijen met een andere vrouw, naast mijn eigen vrouw.

Destijds had ik Ilona leren kennen via een 077 - Babbellijn, en niet in een discotheek zoals we iedereen hadden wijsgemaakt.

Ilona en ik waren toen naar hetzelfde op zoek, affectie genaamd. Toen was het dat ik als antwoord gaf 'duiken…, meerbepaald bedduiken', als ze naar mijn hobby's had gevraagd.

Ze wist dus goed genoeg, vanaf ons eerste contact, wat voor een flierefluiter ik was.

Maar toch had ik het gevoel dat ik verkeerd was, kompleet verkeert, en we echt wel een nieuwe kans verdiende bij elkaar.

Voor wat ik had misdaan voelde ik me nu wel meer dan voldoende gestraft.

'Ik heb je honderd maal meer gestraft, dan dat jij me aandeed', liet Ilona weten toen ik terug naar de woonkamer ging, niets vertellend over waar Brigitte echt naar toe was, en dat ze weldra terug thuis zou zijn van haar zogezegd interim bezoek.

'Weet je Ilona', sprak ik kalm, 'We hebben allebei ons fouten'.

'Christine had nooit in ons leven mogen komen Alex'

'je had nooit zover mogen gaan, je nooit zo mogen laten meeslepen in al die dingen, zie nu waar we staan', zei ik.

Dat we zo goed als alles kwijt waren, en enkel elkaar nog hadden, dat wisten we maar al te goed.

Even later kwam Brigitte terug thuis.

'heb je werk gevonden?', vroeg mijn vrouw.

'Momenteel hadden ze niets, maar ze gingen me nog contacteren', liet Brigitte haar weten.

Het werd een vrij gezellige avond, en met heel goede gesprekken. We maakten plannen over de toekomst. Over hoe we samen verder door het leven zouden gaan, en terug voor elkaar gingen vechten.

'Beloof me één ding', vroeg ik Ilona.

'Wat, Alex?'

'Dat je nooit meer op dergelijke manier bij me weggaat als je ooit wil weggaan', zei ik haar.
Ik haalde aan dat zo een afscheidszoen enorm pijn doet, dat die ganse zaak ons nu allebei had gekelderd, en ik eerlijkheid meer apprecieerde, ook al was ik zelf niet eerlijk geweest, zelfs die dag niet. De tijd om slapen te gaan brak aan. De tijd om terug aan ons te denken, en proberen het verleden aan elkaar te vergeven.
'je kan me vergeven, vergeten moet je het daarom niet' zei ik als laatste voor het licht werd uitgedaan.

Hoofdstuk 12
Terug naar huis

Wanneer we de dag nadien opstonden, liet Brigitte weten dat ze was opgebeld door de baas van de firma waar ze was gaan solliciteren, en aangenomen werd.

We waren blij voor het goede nieuws voor haar, want ze zou niet alleen een goede verdienste hebben, maar ook een firmawagen krijgen.

Daar er bij Ilona ouders nog enkele spullen van haar lagen, en het vooral ging om dingen van Frederique, besloot Ilona toch terug contact met haar ouders proberen te maken.

Nog steeds bleven ze de telefoon dichtgooien, wanneer ze probeerde te bellen.

De enige mogelijke oplossing was om via de advocaat te vragen en aan te schrijven, om Ilona binnen te laten, en de spullen te mogen afhalen.

Enige dagen later kreeg ik het bericht van m' n advocaat, dat er was gereageerd, en Ilona naar haar ouders mocht gaan om deze dingen bij te halen.

Het was best om dit nu zo vlug mogelijk te doen, want al snel zou Brigitte opgeroepen worden om voor haar nieuwe werk te gaan.

Er was afgesproken om in het weekend, een zondagnamiddag langs te gaan. Daar de advocaat me ook had laten weten dat ik er ongewenst was bleef ik op Brigitte' s appartement.

Ilona had bang om alleen te gaan, en vroeg dan ook Brigitte mee binnen te gaan die bewuste zondagnamiddag.

Maar eens Ilona de deur was binnen gegaan, werd onmiddellijk deze achter haar toegesmeten, zodat Brigitte de kans niet kreeg om mee binnen te gaan. Wanneer Ilona besloot om er niet alleen binnen te blijven, en ze even snel weer buiten stond als dat ze was binnengegaan, besloot mams alles letterlijk buiten te gooien.

Zo ook de kader met daarin de gedroogde huwelijksbloemen van mijn vrouw, die wonder bij wonder de crash overleefde.

De ouders van Ilona waren teleurgesteld omdat Frederique niet mee was. Maar voorheen hadden we al beslist dat Frederique niet mee mocht van ons, omdat ze al die tijd de telefoon hadden toegesmeten; Zelfs al zou Frederique er iets overkomen zijn, dan hadden ze het niet kunnen weten door hun harde manier van doen.

'Als je Frederique wil zien', had Ilona gezegd 'Dan zal je het zelf moeten aanvragen, en zal je het via een centrale bezoekruimte moeten doen'.

'Dan moet ik hem niet zien', had haar moeder hierop geantwoord 'Ik krijg nog kleinkinderen, ik zal Frederique wel vergeten'.

Ilona' s moeder begreep eveneens niet dat ze Frederique ondertussen bij mij alleen had gelaten.

'Ilona, ga zo vlug mogelijk naar huis, want Alex zou Frederique vermoorden!'

Opnieuw een fel overdreven uitgelaten zin, komende uit de mond van mammie die echt wel overdreef.

Of ik Frederique aan het vermoorden was?, Eerlijk gezegd:

Neen!

Frederique was naar een videocassette aan het kijken, en ik was koffie aan het drinken, en in mijn dagboek aan het schrijven.

Bij me zat de oudste zoon van Brigitte, en hebben we even later nog samen een monopoly spel gespeeld.

Daar Ilona zag dat niet alles door haar moeder werd meegegeven, besloot ze om toch even alleen binnen te gaan. Eerst werd ze de toegang naar haar kamer verboden, maar liep ze als het ware haar moeder voorbij, de trap omhoog.

Op het tweede verdiep aangekomen bleken alle kamerdeuren gesloten te zijn. Ook de kamerdeur van mijn vrouw.

Wanneer ze terug naar beneden wou gaan, duwde haar moeder haar de logeerkamer in, waarbij deze de deur wou sluiten. Ilona was echter te snel, en kon nog net op tijd de deur tegenhouden, zodat moeder te laat kwam om haar dochter op te sluiten.

Ze liep naar beneden, en liet weten dat ze alle contact zou verbreken, dat de maat nu wel vol was, en dat het een grote schande was dat niet alle spullen van Frederique werden meegegeven.

Bijna zonder kleding, zelf wetend hoe erg het is geen kleren te hebben, kijkend naar hoe ik vijf dagen in de instelling zonder kleren had gezeten, besloten we de dag nadien wat nieuws voor Frederique te gaan kopen.

Daar we geen wagen hadden, was het ook de reden waarom we bij Brigitte gingen logeren.

Ilona en ik geraakten steeds terug beter bevriend, steeds terug meer verliefd. Het was wel zo dat ik in sommige periodes dacht dat het toch niet verder kon, en het ons niet zou lukken; Maar dit kwam vooral door de stress vanwege de ouders van haar die constant rot tegen haar deden. Zo rot, dat Ilona zelf besliste om te breken met haar ouders.

Ik besloot op een avond ook alle sms berichtjes die Christine me had gestuurd, en waarvan ze had gevraagd deze te verwijderen, doorgestuurd naar haar ouders.

Het kwam in me op dat Christine, ook al deed ze zichzelf als lieve en goede Fee voor, dat ze toch niet zo was als ze zich zelf voordeed.

Ik vroeg ook via sms aan de ganse familie: De ouders, de zus, en de broer om me met rust te laten, en er op toe te kijken dat Christine me niet meer zou contacteren.

Hierop kreeg ik geen antwoord terug, zelfs niet van haar zus die eerst zo een lieve betrouwbare meid leek.

Die avond schreef ik een brief, amper twee pagina's lang. Maar het was voldoende om Christine uit te leggen hoe ik haar uitdrukkelijk vroeg me met rust te laten, en ik nooit nog iets van haar wou vernemen. Dat ik er echt op stond van me te laten rusten.

Ik eindigde de brief met:

'...en voor mijn part trek je die teennagels van jou uit zoveel als je wil!'.

Cru?, Misschien wel, maar op dat ogenblik had ik echt genoeg van het ganse gedoe. Ik wou een nieuw leven, en ik wou dat met mijn vrouw beleven, niet met haar.

Ik wou er haar op wijzen dat ik echt niets meer met haar wou te maken hebben.

In tussentijd had Brigitte me gevraagd of ik haar geen geld kon lenen voor een gps systeem; Want haar nieuwe werk wou haar wel aannemen, maar wou dan ook wel dat ze een gps kocht. Deze zou door de firma terugbetaald worden.

We gingen met z'n allen naar het koopcentrum, waar ik haar een navigatie systeem betaalde.

'De firma betaalt dat binnen de vijf werkdagen terug', liet ze me weten.

Ik gaf m'n rekeningnummer, en even later vroeg ze me ook of het mogelijk was om haar Internet abonnement, met grote achterstand te betalen, want voor het werk moest ze ook bereikbaar zijn via e-mail.

Wanneer er zeven dagen waren verlopen, en ze die ochtend naar haar werk vertrok, vroeg ik haar of ze nog is wou navragen wanneer dat geld zou gestort worden, want dat ik me ergens wel een beetje ongerust maakte, en ik het ook best kon gebruiken.

Op haar werk aangekomen, liet ze me weten dat ze het samen met haar eerste loon zouden uitbetalen, dat dit makkelijker voor hen was.

Op zich niet zo erg, dat zou slechts enkele dagen wachten worden.

Ilona was ondertussen winkelen, wanneer plots de bel van het appartement ging.

Toen ik vroeg wie het was, en deze mannenstem me zei:

'Ik ben de baas van Brigitte's werk, en kom horen of ze er is', liet ik hem binnen.

Wanneer deze even later voor me stond en ik hem zei dat ze er niet was, en reeds enkele uren ervoor werken was gegaan, liet hij me weten:

'Werken?, Die is al dagen niet meer bij ons geweest... En ik kom om de firmawagen op te halen'.

Ik keek buiten door het venster, en zag inderdaad de firmawagen staan voor de deur. Ze was dus niet werken, zogezegd wel... maar dan met haar eigen auto.

Ik belde haar op, en zei:

'De baas van je werk is er... Ik geef hem je door'

Ik hoorde dat ze tegen hem uitvloog, en ook dat hij die dag om veertien uur de wagen mocht ophalen, dat ze dan terug zou zijn.

Nadien liet ik hem nog weten dat ze al dagen gaan werken was, zo had ze ons toch gezegd.

'Brigitte is nog nooit komen werken, ze is trouwens ontslagen, ze zei ons dat ze familiale problemen had, en naar Nederland was…'
Ik liet de vriendelijke, maar ontgoochelde man buiten.
Zelf was ik ook ontgoocheld, want de eens zo behulpzame Brigitte, bleek nu tegen ons te hebben gelogen, en waarvoor wist ik niet.
Ik belde Ilona, en vroeg haar onmiddellijk van de winkel terug te komen. Dat deed ze, ze liet alles staan aan de kassa, en kwam terug.
Ondertussen had ik Brigitte een sms gestuurd met daarin de vraag wat er gaande was, en waarom ze zo loog. Dat ik het zeker niet fijn vond, dat ik haar dat geld had voorgeschoten uit goeder trouw, en als ze daarom nu boos zou worden ons gerust mocht buitenzetten.
'Bel', stuurde ze me terug via sms. Kort en bondig.
Ik vroeg me af waarom ik moest bellen nu zij verkeerd was.
Het was niet omdat ik haar zoveel geld had geleend, en zij nu zo loog, dat ik me de persoon voelde die zou moeten bellen.
'Bel mezelf op, ik hoef dit niet te doen, jij hebt gelogen, en ik vraag me af hoe je me nu gaat terugbetalen', antwoordde ik haar.
'Ik laat jullie door de politie buitenzetten, ik hoef me zo niet door U te laten bedreigen, het enige wat bij jou telt is geld', antwoordde ze boos.
Echt blij om dit antwoord was ik niet.

Een goed jaar voorheen had ik haar haast duizend achthonderd euro geleend, die ze niet kon terugbetalen, omdat ze zo in problemen zat.

Nu had ik haar Internet betaald, en haar gps toestel, en ik had ook nog is de week voorheen vijfhonderd euro gegeven uit dank dat we bij haar mochten verblijven.

Even later kwam Ilona binnen, en zei me dat ze gezien had dat Brigitte wat verderop in de straat in haar wagen aan het telefoneren was.

Ik legde haar uit wat er gaande was, en hoe ze nu tekeer ging, gewoon omdat ik achter de waarheid vroeg.

Niet veel later kwam ze binnen met de politie. Twee vriendelijke mensen die eerst in Brigitte's verhaal geloofden, wat ze hen ook had gezegd.

Maar al gauw toen ik uitlegde wat er echt gaande was, en ik hen enkele sms berichtjes liet lezen die ze me in de voorbije periode had geschreven dachten ze anders.

'Bel dan naar je werk, en geef me door', vroeg één van de agenten.

'Neen, dat doe ik niet!', riep Brigitte… die maar al te goed wist dat ze wel afgedankt was, en het spel nog even wou verder spelen dat het niet zo was.

'Dan moet je het zelf maar oplossen, mevrouw', liet de agent weten.

Wanneer de agenten waren vertrokken kwam ook haar vader toe. Heel waarschijnlijk had ze bang, en wist ook wel dat ik niet de persoon was die me zou laten doen.

Ik belde mijn ex-vrouw op, en vroeg of ze ons niet kon komen bijhalen. Eerst zei ze dat het ging, nadien zou het weer niet gaan.

De reden was dat we bij iemand logeerde die tegen iemand had gezegd dat Benny ons een appartement zou verhuren, en ons wekelijks veel geld zou geven om te overleven. Daardoor had Els veel problemen, en liet ze weten dat ze er liever niets mee te maken had.

Benny die ons onderdak had gegeven, was inderdaad een leugentje om bestwil geweest die ze ooit tegen Ricardo had gezegd, om deze op een dwaalspoor te brengen, en iedereen te laten denken dat we niet bij Brigitte zaten.

Waarom nu net Benny als helpende persoon door haar moest aangehaald worden weet ik niet. Ik vond het spijtig te vernemen dat Els en Benny hierdoor een beetje in problemen waren gekomen.

Ik dacht plots aan een vriend die me ooit, enkele jaren geleden in contact had gebracht met Ricardo. Door hem had ik Ricardo leren kennen, en hijzelf had me al enkele malen gewaarschuwd voor dit uitschot van de maatschappij.

Zelf was hij er al lange tijd niet meer mee bevriend

Ik legde hem het voorval uit. Toen was hij het die ons zou komen bijhalen. Het grote geluk was dat hij niet veel later, ons kwam halen met een grote camionette.

Op weg naar huis vertelde ik hem wat er allemaal was gebeurd.

'Ik heb je steeds gewaarschuwd voor Ricardo', liet hij me weten.
Ik had inderdaad beter moeten weten, want ook Cornelia had me verwittigd, en toen Ilona en ik vorig jaar huwden, durfde deze vriend die ons nu kwam bijhalen zelfs niet op ons trouwfeest komen, gewoon omdat Ricardo er was.
Eens we thuis waren, en de deur openging van ons kille huis waar zoveel verdwenen was begonnen we alles uit te pakken. De eerste uren waren vreselijk. De koude, een maand niemand geweest, en vooral er zonder auto zitten.
Die late avond nog was ik toch ergens blij weer thuis te zijn, ook al konden we geen boodschappen doen, ook al waren we ergens van de bewoonde wereld afgesloten.
De dag nadien ruimde ik mijn bureau. Het bureau waaraan ik zo vaak zat en verdrietig had gezeten smeet ik bij het grote huisvuil, en veranderde de volledige inrichting. Ik wou er voor zorgen dat niets me nog aan Christine zou herinneren.
Dat lukte ook heel goed.
Ik sprak met Ilona over wat we gingen doen. Of we hier gingen blijven, of dat we toch zouden verhuizen.
Onze beslissing was allebei hier toch te blijven, en samen verder te gaan.
Weldra is de trouwring binnen die Ilona had verloren... Een nieuwe, maar identiek dezelfde.
Ik zal blij zijn dat ze deze weer aan haar hand draagt.

Dat we weldra weer een auto zullen hebben.
Ik ben blij dat we terug thuis zijn, de enige plaats waar we terug tot onszelf kunnen komen, nog steeds elke dag beseffend hoe we elkaar pijn hebben gedaan.
Ik kom tot het besef dat ik geen vrienden heb, zelfs niet die drie waarvan ik dacht dat ze echt waren.
Ik dacht dat mijn ex-vrouw Yannick zou laten terugkomen wanneer we weer thuis zouden zijn. Terug in co-ouderschap. Maar dat is niet zo. Els weigert hem laten terug te komen, en enkel in het weekend om de veertien dagen te mogen zien, ook al had ze anders gezegd.
'Ik pak je hem nooit af', zei ze, nog niet zolang geleden.
Is de reden dat ik terug bij Ilona ben, de reden waarom ze hem hier nu weghoud. Of is het uit dank omdat ik destijds haar huwelijksfeest met Benny had betaald, haar meer dan tweeduizend euro leende, en haar een huwelijksreis schonk van drie weken?...
Niet kijkend naar haar eigen fouten, hoe zij vroeger enkele misstappen zat, die niet al te katholiek waren, en waar ik liever niet over uitbreid, al is het maar uit angst om Yannick niet volledig te verliezen. Kijkend naar al deze dingen, besef ik maar al te goed dat mensen nooit naar hun eigen fouten kijken, enkel naar fouten van anderen. Heb ik het dan echt verdiend om Yannick te verliezen, op co-ouderschap basis.

Niemand meer te hebben, of enkel mensen die je kennen wanneer ze zelf problemen hebben is hard. Kijkend naar hoe vaak ik mensen uit de goot en de sloot hielp, en nu zelf kompleet ben achtergelaten is op zich erg.

Het feit dat de fijne, niet officiële co-ouderschap die ik met Yannick had, nu niet meer doorgaat is het meest spijtige wat er gebeurd is, maar ook hierin stel ik mezelf hard. Hiervoor kan ik zelfs niet huilen. Er zijn zovele dingen gebeurd, zovele tranen heb ik laten vloeien, en ik kan het nu niet, huilen hiervoor. Het is alsof mijn tranen op zijn. En ik denk eerder van, als het zo is, is het zo.

Opnieuw moet ik zeggen: 'dankjewel Christine, dankjewel Ricardo…, en niet te vergeten dankjewel lieve schoonouders om je zodanig in alles te moeien'

Hoe vals Els steeds was besef ik nu pas. De weken dat we bij Brigitte waren, was er al ruzie over Yannick.

Eerst besloot ze Yannick niet laten terug te komen; Daarna besloot ze weer van wel, toen ik haar liet weten dat ik het dan wel via de advocaat ging regelen. Ik heb enkele sms berichten in het geheugen opgeslagen. Daarin staat nog door haar geschreven:'Yannick mag terugkomen'. …Het zijn een hele hoop leugens.

Als ik Ilona had laten vallen, en niet meer opnieuw bij haar was gegaan, dan was het co-ouderschap er zeker nog geweest. Ik mag hem dit weekend zien, maar ik ga er liever niet op in. Ik heb liever dat

Yannick pas komt, wanneer hij zelf me is zal opbellen en vragen:

'Papa, wanneer mag ik nog is afkomen?'.

Wanneer ik zie, en voel dat hij me zelf mist. Dan is het tijd genoeg om hem terug te zien.

Ik vind het gewoon heel erg, wetende hoe graag Yannick hier was, hoe hij me zo vaak zei:

'Papa ik wil bij jou komen wonen'.

Het doet er allemaal niet meer toe. Alles is zoals het is, zoals het komt, moet je het nemen. Hoe graag je ook dingen zou willen wijzigen, hoe graag je dingen ook anders zou willen zien gebeuren. Weet je, de tijd is onomkeerbaar. In sommige gevallen erg genoeg, maar in andere gevallen, zoals wat wij hebben meegemaakt, wou ik dat ik zes maanden terug in de tijd kon, dan had ik de 'Lieve Fee' nooit in mijn leven toegelaten, en zeker niet in ons huwelijk.

De telefoonlijnen die ik had laten afsluiten worden niet meer geopend. Vandaag nog komen ze een nieuwe Internet aansluiting leggen, en een nieuw telefoonnummer via een nieuwe maatschappij.

Ik zal ons nieuwe nummer niet aan iedereen door geven. Zeker niet aan een ieder die in de zaak was betrokken, of nog sterker gezegd: Eenieder die zich heeft willen bemoeien of gemoeid heeft.

Wat hier nog staat van Christine zijn we samen aan het zetten in de garage, en gaan we op een mooie dag voor haar deur afzetten, daar wil ik niks mee te maken hebben.

Zeggen dat 'lieve' Christine me zo liet blijken dat ze niet alleen buiten kon, zo zwaar 'bewaakt werd door ouders, en nu ik vorige week eventjes langsging bij de handelaar waar ik haar toen voor haar verjaardag een autoradio had geschonken, deze me wist te vertellen dat ze nadien alleen was daar geweest, zonder ouders, zonder bewaking. En dat ze er precies nog goed uitzag, gelukkig leek zo vrij als een vogeltje, had ie er ook nog kunnen bij vertellen moest ik er verder op ingegaan zijn. Zo een vals wicht is die Christine, zo heeft ze mij, en iedereen er ingeluisd. Was ze dan echt wel zo depressief?, Neen, zeker en vast niet. Meelijwekkend in elk geval.

Het eerste beeldje dat Christine me ooit gaf, een geglazuurd beeldje uit klei dat de letter V voorstelt, met daarop twee borsten, heb ik door Ilona laten stukgooien. De mooie tekst over eeuwige vriendschap die erbij was heb ik opgebrand.

Wat ik wel spijtig vind is dat ik nu van Ilona te horen krijg dat ze zonet van de politie te horen kreeg dat haar moeder een klacht tegen haar had neergelegd omdat ze naar het werk van haar moeder had gebeld die weken dat we bij Brigitte logeerden. Dat Ilona had gevraagd aan de collega's van haar moeder, daar deze in vergadering was, met wat haar moeder in feite allemaal bezig was.

Niet wetende dat ik gisteren van op Ilona haar gsm toestel een berichtje naar haar moeder had gestuurd, in Ilona haar naam... 'Mama, als je wil mag je vanavond na zes uur bellen, om Frederique te horen. Ik wil wel dat je vriendelijk bent, anders is het meteen gedaan'.

Voor moeder belde had ik wel gezegd tegen mijn vrouw dat ik dit had gedaan. Ze vroeg me waarom ik dit deed, terwijl we zelf eerder hadden gezegd dat er nooit nog contact zou kunnen zijn.

Ik legde haar uit dat ik het deed voor Frederique. Dat ze niet naar mij moest omkijken, ook al zouden die mensen ooit een dag terug komen, dan nog kon ik me afzonderen, want voor mij blijft de deur gesloten. Moest ik hen nooit dergelijke dure reis hebben gegeven, dan had ik nu misschien nog kunnen leven met het feit hoe ze mee hadden gedaan, maar zelfs de advocaat liet me weten toen ik gecolloceerd zat, dat hij nog nooit eerder had gehoord dat er ook maar iemand aan zijn schoonouders dergelijke dure reis schonk.

De advocaat liet me weten dat hij enkel nog een bewijs nodig heeft van onze huwelijksdatum.

Als hij dit heeft zou ik mijn auto terug krijgen daar deze werd aangekocht door mij, voor ons huwelijk, en dus niet mee in het faillissement van Ilona zit.

Ik was een vrij materialistisch ingesteld man. Ik had alles wat ik wou, ik kocht me alles wat ik zag.

Al die dingen interesseren me niet meer, en het laat me ook koud wat hier verdwenen is, en nog minder wie ze meegepikt heeft.

Het grote geluk dat ik heb is dat ikzelf niet failliet ben, en dat ik nog wel geld heb.

Wanneer Ilona weg was gebleven bij me dan had ze misschien niets meer gehad.

Ik ken m'n fouten, ik weet wat ik heb misdaan, hoe rot ik heb gedaan, en hoe stom ik was te geloven in de liefde van een vrouw die me fantastischer leek dan mijn eigen vrouw.

Ik weet nu dat zelfs echte vrienden het niet altijd goed met je voorhebben, dat ook hun stoppen is kunnen doorslaan, zoals bij Brigitte gebeurde, we buiten vlogen, en ik waarschijnlijk ook dat geleend geld nooit zal terugzien.

Ik blijf erbij: Geld maakt niet gelukkig, het maakt het leven enkel makkelijker.

Nog vier dagen, en ik zie mijn oudste zoon weer. Yannick zal blij zijn me terug te zien.

Alles wordt weer zoals vroeger, niet alleen dat, maar hoe mensen ook hebben geprobeerd ons, mijn vrouw en mezelf tegen elkaar op te zetten, te haten, en definitief uit elkaar te krijgen, is het hun niet gelukt.

Het enige wat er hen is gelukt is dat we nu sterker staan dan voorheen, dat we nu door deze zware levensles nog korter bij elkaar staan.

Diegenen die ons probeerde te scheiden zitten nu met de meeste problemen. Ilona haar ouders gaan door een hel van verdriet; Brigitte zit eenzaam op haar appartement, en niemand die haar nu nog geld kan lenen; Christine zal de brief hebben gelezen dat ze volledig bij mij heeft afgedaan; en weldra weet ook iedere lezer wat er daadwerkelijk is gebeurd.

De beste raad die ik kreeg; Pure filosofie, enkele dagen geleden was:
'Het was gewoon uit jaloezie voor wat jullie hadden dat dit moest gebeuren, je kunt beter niemand tonen wat je hebt, en beter zeggen dat je niets bezit'

Ook al heb ik mijn vrouw ooit via een date lijn leren kennen, en wist ze vanaf de eerste dag dat ik iemand ben die seks niet als liefde aanziet, toch weet ik dat ik me had moeten inhouden. Dat ik nooit had mogen toegeven aan deze *verboden* liefde. Beiden weten we nu hoeveel mensen er ons verafschuwen, en haten.

Haar omdat ze de naam heeft: 'diegene die haar man liet vastzetten, om daarna met al zijn spullen te gaan lopen'.

En mij voor: 'die gek die haar zoveel verdriet heeft aangedaan, vreemdging, en haar toch zou laten stikken hebben'.

Steeds had ik gezegd:

'Ilona, ik zal je financieel helpen, ook al moesten we uit elkaar gaan'.

Ik had dit ook gedaan en haar volledig faillissement betaald indien ze niet op dergelijke manier was weggegaan.

Maar nu?, Nee, ik ga haar echt niet laten vallen.

Ik zal haar helpen, maar stuksgewijs. Niet alles ineens.

Ik laat niemand aan z'n lot over. Vrienden zijn me heilig, ook al kelderen ze me de grond in.

Het mooie is dat er grote kans is dat Ilona zwanger is, en er weldra een kindje kan bijkomen. Indien het nu niet zo is zal het weldra wel gebeuren.

Problemen zijn er om opgelost te worden, ook al zijn het problemen die onoplosbaar lijken. Zelfs voor de zwaarste lijdensweg bestaat er een uitweg, zonder daar zelfmoord als uitweg bij te moeten rekenen.

Het gebeuren van de afgelopen zes maanden dat ik hier nu heb samengevat is niet alleen een levensles naar ons toe, maar ook naar anderen toe. Ik ben zeker niet de enige die ooit verliefd werd op een andere vrouw. Statistieken die ik ooit doornam lieten me inzien dat 51 procent van de bevolking zou vreemd gaan. Als één op twee vreemd gaat, dan is dat wel erg veel. Gelukkig heeft elke misstap in de liefde niet zo een zwaar gevolg als wij hadden.

Dat liefde en haat vlak bij elkaar staan, dat is nu wel bewezen, en zal nog vaker bewezen worden.

Dat pijn, hoe onverdraaglijk die soms kan zijn toch weer kan veranderen in vreugde, en goed gevoel, ondervind ik nu.

Ilona straalt, ik straal, we voelen ons geluk beetje bij beetje wederkeren.

Alle kleine dingen die we hebben, krijgen, zijn ons meer waard dan ooit de dure dingen waren die ik kocht.

Maar...het meest dierbare, waar ik de grootste strijd heb moeten voor voeren, de meeste pijnen heb moeten voor doorstaan, en nu bij me heb, dat is mijn vrouw, mijn Ilona.

Ik ben gelukkig dat we terug samen zijn, elke dag beseffen we meer en meer wat we beiden verkeerd hebben gedaan. Dat we dit voorval heel anders hadden kunnen oplossen dan dat we nu hebben gedaan.

Mijn besluit staat over één ding zo vast als een rots: Echte liefde krijg je niet uiteen, hoe ze ons ook tegen elkaar hebben opgezet, wat we elkaar ook heeft aangedaan, toch zijn we weer samen, en zoals het er nu uitziet, blijven we ook samen.

'Het gras dat groener zou zien aan de voorkant', is een wereldberoemd spreekwoord, maar dan ben ik toch liever bij mijn 'gras', mijn vrouw.

Het waren geen makkelijke momenten, het was een periode vol haat, vernedering, en helse pijnen. De tranen hebben gevloeid als nooit te voren.

Maar, ik heb mijn oogappel terug, Mijn vrouw, ja, de vrouw waar ik nog steeds van hou.

Dat dit boek een les moge zijn, voor de mensen die denken dat het gras toch groener zou zijn aan de overkant…

Hoofdstuk 13
Vijf jaar later...

Nu een goede vijf jaar later kan ik haast een tweede en misschien wel een derde boek hierover gaan schrijven...
Het kwam helemaal niet in me op om ooit dit boek opnieuw te gaan uitgeven, maar door de interessante omstandigheden ben ik van mening veranderd.
Vijf lange jaren; En om een ander waanzinnig verhaal heel kort te maken, bij gebrek om er eigenlijk willen over te praten schrijf ik dan hier maar een kort vervolg neer.

Na mijn vrouw en nadat al mijn geld opwas verdween ze met de noorderzon en ben ik samen met mijn vriendin gaan wonen. Inderdaad, ik zag haar opnieuw terug.
Ik had een appartement gehuurd in de streek van Dendermonde, en op een mooie dag kwam ik terug in contact met de vrouw die ik ooit meenam naar het zuiden van Frankrijk tezamen met mijn ondertussen ex-vrouw geworden.
Ze kwam me opzoeken, we besloten om terug samen te gaan, maar op een zekere namiddag, toen ik mijn jongste zoon terug naar zijn moeder moest brengen, kregen we een auto ongeval. Niets speciaals; Ingereden op twee geparkeerde wagens, niemand gewond.

Tot… mijn vriendin uitstapte en luidkeels riep: 'hij probeert mij te vermoorden!'.
Dit bracht me voor drie maanden in de gevangenis. Daarna bij mijn vrijkomst heb ik nooit nog van mijn jongste zoon gehoord, noch gezien. Mijn ex-vrouw heeft het dan ook voor elkaar gekregen om mijn jongste zoon van mij af te nemen.
Daarna had ik genoeg van België en heb ik het dan maar verlaten. Op het moment dat ik dit schrijf heb ik België reeds vier jaar achter me gelaten; Heb genoeg klaar liggen om een nieuw boek te schrijven. Misschien wel meer dramatisch dan dit boek. Of ik dat ooit ga doen, dat is een vraag, zonder antwoord momenteel.

Weemoed

Een massa grijze wolken.
Kleine druppels
komen als groot verdriet
naar beneden.
Een stralende glimlach,
een bloedend hart.
Herinneringen,
te veel slechte,
te weinig goeie.
Maar soms
halen de goeie
het overwicht.
Dan is
wat was
jammer genoeg
voorbij,
en is
wat komen zal
niet goed genoeg
voor mij!

Adelheid Bekaert

Eerste druk: 2004

Tittel: Verboden Liefde
Geen van deze tekst mag gebruikt of gekopieerd worden zonder voorafgaande schriftelijke toestemming van de schrijver.

Alex Mensaert
www.alexmensaert.com

gedichten :
Scheuren uit Liefde & Weemoed door Adelheid Bekaert

www.ingramcontent.com/pod-product-compliance
Lightning Source LLC
Chambersburg PA
CBHW070723160426
43192CB00009B/1299